Axel Schmidt

Gottesliebe und Seligkeit. Fünf Predigtreihen

Axel Schmidt

Gottesliebe und Seligkeit. Fünf Predigtreihen

Fromm Verlag

Imprint

Cover image: www.ingimage.com

Publisher:
Fromm Verlag
is a trademark of
International Book Market Service Ltd., member of OmniScriptum Publishing Group
17 Meldrum Street, Beau Bassin 71504, Mauritius

Printed at: see last page
ISBN: 978-613-8-35346-1

Inhaltsverzeichnis

„Gott ist Liebe.“ (Joh 4,8.16)

Sechs Predigten über die erste Enzyklika des Papstes

„Deus Caritas est“

Axel Schmidt

Südkirchen, April bis September 2006

Predigt am 3. Ostersonntag (B) – 30. 4. 06 - St. Pankratius – Lk 24,35-48; 1 Joh 2,1-5 – Gott ist die Liebe.

Teil 1: Die Grundaussage

Liebe Gemeinde!

„*Deus caritas est. Gott ist die Liebe.*“ Diesen Satz aus dem 1. Johannesbrief kennen seit einem halben Jahr fast alle Menschen. Denn so hat Papst Benedikt XVI. seine erste Enzyklika überschrieben. Ich möchte Ihnen dieses päpstliche Lehrschreiben heute und an den folgenden Sonntagen vorstellen und die wichtigsten Aussagen erklären.

Heute möchte ich beginnen mit der Grundaussage. Was hören wir eigentlich aus dem programmatischen Wort heraus „*Gott ist die Liebe*“? Was ist gemeint? Unser Papst sagt, hier sei die Mitte des christlichen Glaubens ausgesprochen, das christliche Gottesbild wie auch das Bild vom Menschen. Vielleicht wird es klarer, wenn ich es negativ sage: Die Mitte unseres Glaubens ist nicht die Erkenntnis, ebensowenig ein Ritus, nicht eine Unterwerfung, nicht eine schriftliche Urkunde, nicht eine bestimmte Tradition; unser Glaube hat es nicht mit Macht zu tun, weder mit der göttlichen Macht noch dem Versprechen, durch den Glauben mehr Macht zu haben. Und so könnte ich fortfahren… Nein, all das macht unseren Glauben nicht aus, sondern einzig die Liebe verdient es, als das Wesentliche des Glaubens genannt zu werden. Wir glauben an einen Gott der Liebe, und das heißt zuerst und vor allem: Gott ist ein Jemand, eine Person mit Name und Gesicht, mit dem Vermögen zu lieben und geliebt zu werden.

So heißt es im 1. Joh 4,7f: „*Liebe Brüder, wir wollen einander lieben; denn die Liebe ist aus Gott, und jeder, der liebt, stammt von Gott und erkennt Gott. Wer nicht liebt, hat Gott nicht erkannt; denn Gott ist die Liebe.*“ Und weiter (V. 10): „*Nicht darin besteht die Liebe, daß wir Gott geliebt haben, sondern daß er uns geliebt und seinen Sohn als Sühne für unsere Sünden gesandt hat.*“

Es lohnt sich, kurz darüber nachzudenken, warum Papst Benedikt ausgerechnet dieses Thema zum Inhalt seiner ersten Enzyklika erwählt hat. Er selbst spricht davon, daß dies „eine Botschaft von hoher Aktualität und von ganz praktischer Bedeutung“ ist, weil wir in einer Welt leben, „in der mit dem Namen Gottes bisweilen die Rache oder gar die Pflicht zu Haß und Gewalt verbunden wird“. (DCE n. 1) Damit erinnert er an die Bedrohung der heutigen Welt durch eine neue Form des Terrorismus, der insofern nie dagewesene Ausmaße angenommen hat, als hier die religiösen Gefühle gläubiger Muslime für die inhumansten Zwecke eingespannt und mißbraucht werden. Offenbar hegt der Papst die Hoffnung, daß die Menschen guten Willens diesem verderblichen Denken leichter widerstehen können, wenn sie sich bewußt machen, daß Gott die Liebe ist und darum niemals zur Legitimation von Gewaltanwendung herangezogen werden kann.

Eine zweite Absicht richtet sich mehr auf uns Christen in Europa, die wir die Botschaft von der Liebe Gottes schon so lange kennen und tradieren und doch anscheinend immer noch weit entfernt davon sind, sie wirklich innerlich aufgenommen und umgesetzt zu haben. Vielmehr sieht es ganz so aus, als taumelten wir immer zwischen zwei Extremen hin und her, ohne die rechte Mitte zu finden: Das eine Extrem betont Gottes Heiligkeit und entsprechend seinen Zorn über die Sünde; das Evangelium wird dann als Drohbotschaft verstanden; das äußere Verhalten wird durch sozialen Druck und durch Angstmache reguliert; man tut zwar das Rechte, aber nur ungern, gezwungen und ohne Überzeugung, und man will aus diesem Zwang ausbrechen. – Das andere Extrem betont Gottes nachsichtige Güte und Barmherzigkeit, angesichts derer die Rede von Sünde antiquiert erscheint; das Evangelium wird als Bestätigung des Menschen verstanden, als freies Angebot, dem keinerlei Verbindlichkeit zukommt, als folgenloser Appell an das Werteempfinden der Menschen; die Menschen folgen ihren Launen und beginnen sich wieder nach strenger Ordnung sehnen.

Obwohl das ein wenig schwarz-weiß gezeichnet ist, trifft es wohl weitgehend zu. Ich vermute, der Papst wollte mit seiner Enzyklika zeigen, daß beide Extreme vom Unverständnis der Liebe Gottes geprägt sind. Das erste nicht, weil es ganz auf Angst und Druck baut, das zweite aber ebensowenig, weil Liebe hier mit unverbindlicher Nachsichtigkeit verwechselt wird. Denn man spricht hier vom harmlosen „lieben Gott" und hat ein Bild von Gott im Kopf wie das von einem Urgroßvater, der seinen Lebensabend im Heim verbringt. Man besucht ihn an Feiertagen und hört sich seine alten Geschichten an. Grundsätzlich ist man ihm schon dankbar, vor allem, wenn er auch jetzt noch Geschenke verteilt oder weil man sich ein Erbe erwartet. Aber ansonsten läßt man ihn im heutigen Leben nicht mitreden. Ein solcher Glaube kostet nicht viel, bringt aber auch nichts; er ist wirkungslos, und die Rede von Liebe ist unwahr. Das sagt die heutige Lesung ganz klar: „*Wer sagt: Ich habe ihn erkannt!, aber seine Gebote nicht hält, ist ein Lügner, und die Wahrheit ist nicht in ihm.*" (1 Joh 2,4)

Liebe Gemeinde! Die Enzyklika des Papstes könnte man als Kommentar zu diesem Satz auffassen: „*Wer sagt: Ich habe ihn erkannt!, aber seine Gebote nicht hält, ist ein Lügner, und die Wahrheit ist nicht in ihm.*“ Als einen Kommentar jedoch, der an die Freiheit des Hörers oder Lesers appelliert, nicht als Rückfall in die alte Form der Drohbotschaft. Denn so könnte man den Satz ja auch verstehen und dann mißdeuten: *Wenn ihr die Gebote nicht haltet, dann seid ihr Lügner. Fangt also schon mal an, euch vor dem Zorn Gottes zu fürchten!* So nicht! Eher so: Lügt euch nicht in die Tasche! Macht euch nichts vor, und laßt euch nichts vormachen! Glaubt ihr wirklich, daß ihr freier werdet, wenn ihr das Gebot der Liebe in den Wind schlagt? Daß ihr frei werdet, wenn ihr den Tag des Herrn, den Sonntag, zum Werktag degradiert? Es ist doch gerade umgekehrt: Die Gesetze der Ökonomie zwingen immer mehr Menschen, rund um die Uhr, auch nachts und sonntags, zu arbeiten. Sie machen uns nicht frei, sie machen uns kaputt. Seht ihr nicht, daß Gottes Gebote unser bester Schutz davor sind, ausgebeutet und kaputt gemacht zu werden?

Der Glaube ist nichts Theoretisches, sondern etwas Praktisches, er ist eine Praxis, ein Handeln. Johannes sagt dies mit folgendem etwas merkwürdig klingenden Satz: „*Wenn wir seine Gebote halten, erkennen wir, daß wir ihn erkannt haben.*“ (1 Joh 2,3) Gott erkennen, an Gott glauben heißt immer auch, tun, was er uns sagt, denn er sagt uns nichts anderes, als in der Liebe zu bleiben und aus der Liebe zu leben. Glauben heißt, auf Gottes Liebe antworten und sie erwidern. „*Wer sich aber an sein Wort hält, in dem ist die Gottesliebe wahrhaft vollendet.*“ (1 Joh 2,5) In allen Geboten geht es immer nur um das Eine: die Liebe zu Gott und zum Nächsten umzusetzen. Dann halten wir uns an sein Wort und erfahren, daß der Glaube uns trägt.

Predigt am 6. Ostersonntag (B) – 21. 5. 06 - St. Pankratius –

1 Joh 4,7ff; Joh 15,9ff – Gott ist die Liebe.

Teil 2: Verschiedene Bedeutungen von „Liebe“

Liebe Gemeinde!

„*Gott ist (die) Liebe.*“ Heute hören wir die Aussage wieder, die der Papst als Überschrift seiner ersten Enzyklika gewählt hat. In meiner 2. Predigt darüber möchte ich über die verschiedenen Bedeutungen des Wortes „Liebe“ sprechen.

Der Papst macht auf die Schwierigkeit aufmerksam: „Das Wort „Liebe'' ist heute zu einem der meist gebrauchten und auch mißbrauchten Wörter geworden, mit dem wir völlig verschiedene Bedeutungen verbinden.“ (DCE n. 2) Und er zählt einige Beispiele auf: Vaterlandsliebe, Liebe zum Beruf, Liebe unter Freunden, Liebe zur Arbeit, Liebe zwischen den Eltern und ihren Kindern, zwischen Geschwistern und Verwandten, Liebe zum Nächsten und Liebe zu Gott. Er fragt: Gehören alle diese Formen zusammen, ist Liebe eine einzige Wirklichkeit? Oder haben wir es mit vielen verschiedenen Phänomenen zu tun, die nur zufälligerweise mit einem einzigen Wort bezeichnet werden?

Immerhin gibt es in anderen Sprachen verschiedene Wörter, während wir nur dies eine Wort „Liebe“ zur Verfügung haben. Im Griechischen und Lateinischen gibt es drei Arten von Liebe:

Ερος/ amor – Φιλία / dilectio – Αγάπη / caritas.

Der Eros meint die Liebe zwischen Mann und Frau, die bräutliche Liebe und v.a. das Verliebtsein. Der Eros kann den Menschen geradezu übermächtigen, er kommt gleichsam von außen über ihn. Der Eros richtet sich ganz exklusiv auf einen einzigen Menschen. – Die Agape (Caritas) meint die Nächstenliebe. Sie kommt aus dem Eigenen des Menschen, insbesondere aus der gläubigen Einsicht. Es handelt sich um die schenkende, selbstvergessene Liebe, die sich auf viele Menschen erstrecken kann und soll, letztlich sogar auf alle.

Dazwischen liegt die Freundschaftsliebe. Von ihr handelt die Enzyklika nur am Rande, Jesus aber spricht im heutigen Evangelium ausdrücklich von ihr: Sie steht im Gegensatz zum Verhältnis von Herr und Knecht. Sie meint wahre Zuneigung, die aber nicht erotisch ist und darum auch nicht exklusiv. Man kann viele Freunde haben, verliebt ist man aber nur in eine Person. Die

Freundschaftsliebe basiert auf einer Geistesverwandtschaft, die große Freude auslöst: Da ist ja einer, der genauso denkt und empfindet wie ich! Einer, der mich versteht!

Das erste große Thema der Enzyklika ist aber das Verhältnis von Eros und Agape. Um das Problem zu sehen, müssen wir uns ihre gegensätzlichen Eigenschaften noch einmal vor Augen führen:

Der Eros kommt überfallartig über mich, wie man am Beispiel des Verliebtseins sieht. Der / die andere überwältigt mich und verheißt mir ein unbändiges Glück. Dieses Gefühl hebt mich über alles hinaus, was ich im Alltag erlebe, und schenkt mir unsagbare Lebensfreude und Erfüllung. Darum wird der Eros gerne mit der Trunkenheit und dem Rausch verglichen, ja mit Raserei und Wahnsinn. Darum ist er auch oft vergöttlicht worden; viele heidnische Religionen hatten einen Gott der Liebe, die Römer etwa den Gott Amor, mit dem man sich im Kult verbinden wollte. So kam es zur sog. Tempelprostitution, was von der Bibel scharf als Perversion und Abgötterei verurteilt wurde.

Wie anders ist da die Agape, die Caritas, sie hat nichts davon, ist gleichsam nüchtern und vergeistigt. Diese Liebe kommt nicht wie ein Überfall von außen, sondern mehr von innen, aus der Vernunft und als Frucht des Glaubens. Hinter ihr steht nicht die Selbstsucht, sondern die Selbstlosigkeit; sie will nichts gewinnen, sondern frei schenken.

Der Eros ist somit begehrend, die Agape schenkend, der Eros egoistisch, die Agape selbstlos, der Eros will empfangen, die Agape geben, der Eros kommt aus einer Leere, die Agape aus einer Fülle.

Papst Benedikt stellt nun fest, daß beide Formen der Liebe einander bedingen, und darum gehören sie zusammen und bilden beide das eine Phänomen der Liebe. Ohne die Ergänzung durch die andere Form der Liebe wird der Eros schrankenlos, ja, zerstörerisch. In diesem Zusammenhang fällt der berühmte und oft zitierte Satz:

> „Der zum ‚Sex' degradierte *Eros* wird zur Ware, zur bloßen ‚Sache'; man kann ihn kaufen und verkaufen, ja, der Mensch selbst wird dabei zur Ware." (DCE n. 5)

Zur Ware werden will kein Mensch, das sieht jeder ein. Dies ist aber erst die Endstufe eine Verfehlung, deren Vorstufen nicht so klar als Irrformen der Liebe erkannt werden. Daß man überhaupt von einem anderen Menschen erwartet, daß er mich endgültig glücklich machen kann – darin liegt schon die Verkehrung, ein doppelter Irrtum, denn

1. sollte die wahre Liebe nicht fragen: *Wie kann ich glücklich werden?*, sondern: *Wie kann ich den anderen glücklich machen?*

2. kann nur Gott endgültiges Glück schenken. Ein Mensch ist mit dieser Aufgabe überfordert.

In der Enzyklika wird besonders der 1. Punkt betont. Wahre Liebe ist erst dann gegeben, wenn der egoistische Zug überwunden ist, wenn die Liebe das Gute zuerst für den Geliebten will, wenn sie darum auf das eigene Glück verzichten kann und will, wenn sie bereit wird zum Opfer. (DCE n. 6) Jesus drückt dies im heutigen Evangelium so aus: „*Es gibt keine größere Liebe, als wenn einer sein Leben für seine Freunde hingibt.*“ (Joh 15,13) Wer liebt, der sehnt sich so sehr nach dem Glück des anderen, daß er sein eigenes Glück hintanstellt, ja, sein Leben hingeben kann, wenn die Liebe entsprechend groß ist. Der Papst bringt ein anderes Jesuswort ins Spiel (Lk 17,33): „*Wer sein Leben zu bewahren sucht, wird es verlieren; wer es dagegen verliert, wird es gewinnen.*“ Damit wird ein tiefer Zusammenhang von Lieben und Sterben aufgezeigt; der Papst spricht vom

> „Weg aus dem in sich verschlossenen Ich zur Freigabe des Ich, zur Hingabe und so gerade zur Selbstfindung, ja, zur Findung Gottes“. (DCE n. 6)

Das ist eine tiefe Einsicht: Um wahres Glück zu finden, muß ich aus mir herausgehen, mein verschlossenes Ich sprengen, mich vergessen, mich hingeben, an den anderen übergeben und so in gewisser Weise sterben, aber ich werde mich dadurch gerade nicht verlieren, sondern das Leben gewinnen. Denn so ist Gott: Gott ist hingebende Liebe, im scheinbaren Verlieren gewährt er das Leben.

Dies also ist das erste große Thema der Enzyklika: in der Vielfalt der verschiedenen Formen der Liebe ihre Einheit erkennen. Die Antwort ist in der christlichen Offenbarung enthalten, die sagt: Alle Liebe wurzelt in Gott. Auch die bräutliche Liebe, der Eros, stammt von Gott, aber sie ist nicht selbst göttlich, sondern bedarf der Ergänzung, sonst stürzt sie ab. Die Ergänzung kommt ihr von der schenkenden Liebe zu, der Agape. Diese aber kommt uns zuerst von Gott selbst entgegen. „*Nicht darin besteht die Liebe, daß wir Gott geliebt haben, sondern daß er uns geliebt hat.*“ (1 Joh 4,10) Diese Liebe Gottes ist das Angebot seiner Freundschaft. Wir dürfen Gottes Freunde sein, nicht nur seine Knechte, dürfen auf einer Augenhöhe mit ihm stehen, mit ihm geistesverwandt werden. Und Paulus, der dies tief erfahren hat, ruft aus: „*Wenn Gott für uns ist, wer ist dann gegen uns*?“ (Röm 8,31) Wenn Gott mein Freund ist, was können meine Feinde dann noch gegen mich ausrichten? Wovor muß ich dann noch Angst haben?

Predigt am 7. Ostersonntag (B) – 28. 5. 06 - St. Pankratius –

1 Joh 4,11ff; Joh 17,6.11ff – Gott ist die Liebe.

Teil 3: Das neue Gottesbild

Liebe Gemeinde!

„*Wenn Gott uns so geliebt hat, müssen auch wir einander lieben.*“ (1 Joh 4,11) Der Evangelist Johannes stellt diese Folgerung auf angesichts der überraschenden Aussage, daß „*Gott (die) Liebe ist.*“ (1 Joh 4,8.16) Papst Benedikt kommentiert diese Aussage dahingehend, daß uns hier ein ganz neues Gottesbild vor Augen gestellt wird. (DCE n. 9) Für uns erscheint diese Aussage vielleicht gar nicht so neu, weil unsere Tradition sie seit Jahrhunderten überliefert, so daß sie eher alt und nichtssagend zu sein scheint.

Aber der Schein trügt, denn auch in unserer Zeit herrscht ein Denken vor, in das die Liebe nicht so recht hineinpaßt. Das Denken, das ich meine, ist vom Willen zur Macht bestimmt. Der moderne Mensch hat, wie der Physiker und Philosoph Carl Friedrich von Weizsäcker gesagt hat, mit Wissenschaft und Technik das Wagnis einer „Erkenntnis ohne Liebe“ unternommen.[1] Am Anfang der Neuzeit hoffte René DESCARTES, daß die Technik uns Menschen „zu Herren und Eigentümern der Natur machen“ könnte und daß insbesondere die Medizin uns vor allerlei Krankheiten, „ja vielleicht sogar auch vor Altersschwäche bewahren“ können müßte.[2] Er sah den Leib des Menschen als eine Maschine an, die man mit den nötigen Kenntnissen beliebig lange in Betrieb erhalten kann. Seit diesen Worten sind gut 300 Jahre vergangen, die Atombombe ist gebaut worden und hat ihren Schrecken über die Menschheit gelegt. Aber die Menschen träumen weiter vom Sieg der Technik über die Natur und verdrängen ihre eigene Sterblichkeit. Sie setzen auf die machtförmige Wissenschaft und überlassen der Liebe höchstens den zweiten Platz in ihrem Leben.

---

1 Carl Friedrich VON WEIZSÄCKER: *Die Geschichte der Natur.* Zürich: Hirzel, 1948, Göttingen: Vandenhoeck & Ruprecht, [6]1964, 126.

2 René DESCARTES: *Discours de la méthode.* Hamburg: Meiner, 1990, VI, 2.

Fragen Sie einmal in Ihrem Bekanntenkreis: Was ist die alles bestimmende Wirklichkeit? Sie werden verschiedene Antworten bekommen, aber wohl kaum hören, daß es die Liebe sei. Viele werden sagen: das Geld; andere werden auf Wissenschaft und Technik verweisen, wieder andere auf die militärische Macht. Da sind sich selbst Präsident Bush und der iranische Diktator Mahmud Ahmadineschad vermutlich einig. Denn auch wenn sie beide ein verschiedenes Gottesbild haben, so wird dieses doch in genau diesem einen Punkt übereinstimmen: ihr Gott ist der Allmächtige, und jeder will seinen Gott durch den Erfolg erweisen, den er in der Geschichte errungen hat – letztlich durch Inanspruchnahme menschlicher Macht. Aber wir brauchen gar nicht so weit zu gehen und die Inhaber höchster Ämter zu befragen, auch der kleine Mann auf der Straße wird so urteilen: Wenn es überhaupt einen Gott gibt, dann muß er die alles bestimmende Wirklichkeit sein, d.h. er wird zur Durchsetzung seiner Interessen alle seine Macht einsetzen. Und wenn er dies nicht tut, dann gibt es ihn gar nicht. Das meine ich, wenn ich eingangs sagte, auch unser Denken sei vom Willen zur Macht bestimmt oder jedenfalls infiziert.

Die Bibel fordert uns heraus, dieses unser Denken in Frage stellen zu lassen und zu ändern. Wir sollen uns auf die überraschende Botschaft einlassen, daß Gott zwar allmächtig ist, aber daß er vor allem die Liebe ist und daß er deshalb nicht einfach die Wirklichkeit nach seiner beliebigen Willkür beherrscht, sondern der menschlichen Freiheit Raum zur Entfaltung läßt. Gott hat in seiner Liebe zu seinen Geschöpfen so großen Respekt vor unserer Freiheit, daß er seine eigene Freiheit und Macht zurückzieht, selbst dann, wenn die Freiheit zum Bösen mißbraucht wird.

Wie wenig wir das wirklich verstanden haben, zeigt sich daran, daß wir immer sogleich entrüstet fragen, warum Gott denn dies und das zugelassen hat. Warum läßt Gott es zu, daß so viele Verbrechen geschehen? Warum geht es den Guten so schlecht und den Bösen so gut? – Ich behaupte nicht, daß ich eine Antwort auf diese oft wirklich bedrängende Frage wüßte. Die kann nur Gott selbst geben. Aber dies eine sollte doch klar sein: Wenn Gott auch die Bösen zum Guten führen will – was ich fest glaube –, dann kann er das nur erreichen, indem er durch seine werbende Liebe ihr Herz erreicht; dann muß er wohl viel Geduld haben – wie uns die Heilige Schrift ausdrücklich versichert (Röm 2,4; 2 Petr 3,9) –, denn er kann nicht einfach mit Gewalt durchsetzen, was doch aus Einsicht und freier Entscheidung kommen soll. Die Liebe zieht sich darum immer wieder zurück und gebraucht keine Gewalt, sondern wartet in selbstgewählter Ohnmacht ab, bis der andere verstanden hat. Und gerade so erweist sich die Liebe als die größte Macht dieser Welt, als diejenige

Wirklichkeit, die uns letztlich aus der Macht der Nichtliebe und des Todes erlösen wird. Aber das ist ein Glaubenssatz, der durch die Erfahrung nur unvollkommen gedeckt ist.

Der Papst weist in diesem Zusammenhang auf eine Stelle beim Propheten Hosea hin. Hier geht es um den Abfall des Gottesvolk vom Bund; Israel hat sozusagen die „Ehe" gebrochen – „den Bund; Gott müßte es eigentlich richten, verwerfen. Aber gerade nun zeigt sich, daß Gott Gott ist und nicht ein Mensch: »*Wie könnte ich dich preisgeben, Efraim, wie dich aufgeben, Israel? ... Mein Herz wendet sich gegen mich, mein Mitleid lodert auf. Ich will meinen glühenden Zorn nicht vollstrecken und Efraim nicht noch einmal vernichten. Denn ich bin Gott, nicht ein Mensch, der Heilige in deiner Mitte*« (Hos 11,8-9)." Und Benedikt XVI. kommentiert:

> „Die leidenschaftliche Liebe Gottes zu seinem Volk – zum Menschen – ist zugleich vergebende Liebe. Sie ist so groß, daß sie Gott gegen sich selbst wendet, seine Liebe gegen seine Gerechtigkeit. Der Christ sieht darin schon verborgen sich anzeigend das Geheimnis des Kreuzes: Gott liebt den Menschen so, daß er selbst Mensch wird, ihm nachgeht bis in den Tod hinein und auf diese Weise Gerechtigkeit und Liebe versöhnt." (n. 10)

Der Papst fährt nun fort, indem er das biblische Gottesbild als eine großartige Synthese deutet, eine Synthese von Vernunft und Liebe, von Erkenntnis und Hingabe, von Nüchternheit und Leidenschaft. Was wir Menschen so gerne trennen, das ist in Gott Eines; jede Einseitigkeit verbietet sich von hier aus. Auch die Differenzen im Begriff der Liebe sind geeint, wie der Papst schreibt:

> „Damit ist der Eros aufs Höchste geadelt, aber zugleich so gereinigt, dass er mit der Agape verschmilzt." Darum kann es auch eine liebende Vereinigung des Menschen mit Gott geben, „aber diese Vereinigung ist nicht Verschmelzen, Untergehen im namenlosen Ozean des Göttlichen, sondern ist Einheit, die Liebe schafft, in der beide – Gott und der Mensch – sie selbst bleiben und doch ganz eins werden." (n. 10)

Das neue Gottesbild hat ein neues Menschenbild zur Folge. Darüber werde ich beim nächsten Mal sprechen.

Predigt am Dreifaltigkeitssonntag (B) – 11. 6. 06 –

Röm 8,14ff; Mt 28,16ff– GOTT IST DIE LIEBE.

TEIL 4: DAS NEUE MENSCHENBILD

Liebe Gemeinde!

In der letzten Predigt über die Enzyklika des Papstes habe ich über das neue Gottesbild gesprochen, das sich in dem Satz äußert: *„Gott ist (die) Liebe.“* Der heutige Dreifaltigkeitssonntag stellt uns eben diese Liebe, die Gott wesenhaft und in sich ist, heraus: Gott ist kein einsamer Monarch, sondern in sich selbst ein Gegenüber von Personen, die einander unendlich lieben und in dieser Liebe so sehr EINS sind, daß es keine Spaltung, keine Trennung, kein Zerwürfnis, keine Entfremdung, keinen Mißklang und keine Konkurrenz gibt. Die biblische Offenbarung vom Dreifaltigen Gott ist darum keine bloße Zutat zum Christentum. Sie ist vielmehr der Höhepunkt der Selbstoffenbarung Gottes. Sie besagt, daß Gott im tiefsten Wesen Liebe ist, Mitteilung seines unendlichen strömenden Lebens: vom ewigen Vater zum ewigen Sohn, von beiden zum Heiligen Geist: Austausch und Beziehung in der Einheit des göttlichen Wesens.

Heute möchte ich darüber sprechen, welche Folge diese Offenbarung Gottes für das Bild vom Menschen hat. Denn wenn der Mensch, wie es schon im ersten Buch der Bibel heißt, nach dem „Bilde Gottes“ geschaffen ist (Gen 1,26), dann muß es einen Unterschied auch für das Menschenbild machen, ob zu Gott wesenhaft die Liebe gehört oder nicht. Und tatsächlich erzählt uns die Bibel schon ein paar Seiten später, daß *„es nicht gut ist, daß der Mensch allein bleibt“* (Gen 2,18). Wenn Gott in seinem innersten Wesen Beziehung ist, dann ist der nach seinem Bild geschaffene Mensch ohne Beziehungen unvollständig – sozusagen nur ein halber Mensch. Doch kommt hier nur eine Beziehung zu einem anderen Menschen in Frage, Tiere sind dazu nicht in der Lage, dem Menschen die nötige Hilfe und Ergänzung zu sein. Als darum Gott dem Mann die Frau hinzuschafft, ruft dieser aus: *„Das ist endlich Bein von meinem Bein und Fleisch von meinem Fleisch“*. (Gen 2,23) Und dann folgt eine Prophezeiung: *„Darum verläßt der Mann Vater und Mutter und bindet sich an seine Frau, und sie werden ein Fleisch.“* (Gen 2,24)

Der Papst findet an dieser Erzählung zwei Punkte bemerkenswert: Der erste betrifft die Weise der menschlichen Liebe, die *Eros* genannt wird. Er schreibt:

> „Der *Eros* ist gleichsam wesensmäßig im Menschen selbst verankert; Adam ist auf der Suche und »verläßt Vater und Mutter«, um die Frau zu finden; erst gemeinsam stellen beide die Ganzheit des Menschseins dar, werden „ein Fleisch'' miteinander."

Und dann kommt er auf den zweiten Punkt zu sprechen, den Sinn des *Eros*:

> „Nicht minder wichtig ist das zweite: Der *Eros* verweist von der Schöpfung her den Menschen auf die Ehe, auf eine Bindung, zu der Einzigkeit und Endgültigkeit gehören. So, nur so erfüllt sich seine innere Weisung. Dem monotheistischen Gottesbild entspricht die monogame Ehe. Die auf einer ausschließlichen und endgültigen Liebe beruhende Ehe wird zur Darstellung des Verhältnisses Gottes zu seinem Volk und umgekehrt: die Art, wie Gott liebt, wird zum Maßstab menschlicher Liebe. Diese feste Verknüpfung von *Eros* und Ehe in der Bibel findet kaum Parallelen in der außerbiblischen Literatur." (DCE n. 11)

Fassen wir es noch einmal kurz zusammen: 1. Der Mensch ist gleichsam unvollständig, solange er ohne Beziehung in Einsamkeit lebt. 2. Die erotische Liebe zwischen Mann und Frau ist dem Menschen eingestiftet, damit die zwei sich zur Ganzheit ergänzen. Gerade in dieser Liebesbeziehung können sie Ebenbild der göttlichen Liebe sein. 3. Diese Beziehung ist exklusiv und auf Endgültigkeit angelegt; sie sagt: „N*ur du – und du für immer!*" Und dies ist so, weil dies die Art ist, wie Gott liebt, und weil Gottes Liebe den Maßstab für die menschliche Liebe abgibt.

Der *Eros* ist freilich nicht die einzige Form der Liebe. Der Mensch steht noch in anderen Beziehungen zu seinen Mitmenschen, und auch hierin spiegelt sich sein Geschaffensein nach dem Bilde Gottes. So werden die Brautleute unmittelbar vor ihrer Trauung gefragt: „Sind Sie beide bereit, als christliche Eheleute Mitverantwortung in der Kirche und in der Welt zu übernehmen?" Das heißt: In dem Augenblick, in dem es um die exklusivste Bindung von Menschen aneinander geht, wird deutlich gemacht, daß diese Bindung nicht als isolierte Zweisamkeit verstanden werden darf, sondern wesentlich auf Außenbeziehungen angelegt ist. Anders gesagt: Der Mensch ist ein soziales Wesen, und diese seine Natur erschöpft sich nicht darin, einen Lebenspartner zu finden, zu heiraten und Kinder zu zeugen. So vielgestaltig die Liebe ist, so mannigfaltig können und sollen auch die Beziehungen sein, in denen der Mensch seine soziale Natur verwirklicht. In dem ganzen zweiten Teil seiner Enzyklika geht der Papst auf die christliche Caritas ein, das Liebestun der Kirche, zu dem jeder einzelne berufen ist. Und immer wieder weist er auf die eigenartige Struktur der menschlichen Sozialnatur hin, die nur dann zur Selbstverwirklichung kommt, wenn der Mensch „aus der Enge seines Daseins heraus" geht (n. 4; 14), wenn er „den Weg aus dem in sich verschlossenen Ich zur Freigabe des Ich, zur Hingabe und so gerade zur Selbstfindung“ (DCE n. 6) geht.

Das christliche Menschenbild ist somit weit entfernt von einem Individualismus, der von der Autonomie des Einzelnen ausgeht und die Gemeinschaft als etwas nur Sekundäres auffaßt. Es ist aber genauso weit vom Kollektivismus entfernt, der das einzelne Individuum mißachtet und als bloßen Teil eines großen Ganzen betrachtet, so wie in einem Ameisenhaufen alle gleichgeschaltet sind, und der einzelne nicht für sich, sondern für das Kollektiv da ist. In beiden extrem entgegengesetzten Vorstellungen wird der Liebe keine Bedeutung beigemessen: der Individualist kennt nur die Selbstliebe, der Kollektivist hat kein personales Gegenüber und verliert selbst sein persönliches Gesicht in der Masse, in der er gerne untergeht.

Wenn Jesus kurz vor seiner Himmelfahrt den Auftrag gibt, zu allen Völkern zu gehen, alle Menschen zu seinen Jüngern zu machen, sie auf den Namen des Dreifaltigen Gottes zu taufen und sie zu lehren, alles zu befolgen, was er geboten hat (Mt 28,19f), dann wünscht er, daß alle, die die Liebe Gottes erfahren haben, diese auch weitergeben – und zwar uneingeschränkt. Die Mission ist selbstverständlich für denjenigen, der von der Liebe Gottes ergriffen ist. Es wäre schnöde Undankbarkeit, wollte ich diese Liebe nur für mich allein haben, und törichter Unverstand, wenn ich nicht wünschte, daß alle Menschen gleichfalls von dieser Liebe ergriffen würden. Der Papst fordert uns auf, Menschen zu sein,

> „die von der Liebe Christi berührt sind, deren Herz Christus mit seiner Liebe gewonnen und darin die Liebe zum Nächsten geweckt hat. Ihr Leitwort sollte der Satz aus dem *Zweiten Korintherbrief* sein: »*Die Liebe Christi drängt uns*« (2 Kor 5, 14). (DCE n. 33)

Predigt zu Fronleichnam – 15. 6. 06 - St. Pankratius –

Hebr 9,11ff; Mk 14,12ff– Gott ist die Liebe.

Teil 5: Liebe und Eucharistie

Liebe Gemeinde!

Wenn ich Sie fragen würde: „Was bedeutet eigentlich das Wort ‚Hostie'?", dann gäbe es vermutlich kaum jemanden, der mir die ursprüngliche Wortbedeutung nennen könnte: nämlich ‚Opfer' oder ‚Opfertier'. Wir verbinden mit der Eucharistie alles Mögliche, am wenigsten aber den Gedanken an einen Opferkult. Das war in der Urkirche anders. Da sah man ganz klar den Zusammenhang zwischen Jesus Christus, der Eucharistie und den alttestamentlichen Opferkulten.

Der Hebräerbrief zeigt uns diesen Zusammenhang auf: *„Denn wenn schon das Blut von Böcken und Stieren und die Asche einer Kuh die Unreinen, die damit besprengt werden, so heiligt, daß sie leiblich rein werden, wieviel mehr wird das Blut Christi unser Gewissen von toten Werken reinigen.*" (Hebr 9,13f) Und kurz vorher heißt es: Christus *„ist ein für allemal in das Heiligtum hineingegangen, nicht mit dem Blut von Böcken und jungen Stieren, sondern mit seinem eigenen Blut, und so hat er eine ewige Erlösung bewirkt.*" (Hebr 9,12) – Was heißt das? Es heißt, kurz gesagt, erstens, daß Jesu Tod ein Opfer gewesen ist, d.h. ein Hingabeakt und eine Gabe an den Vater zum Zweck der Vergebung und Versöhnung. Zweitens: Dieses Opfer ist ein für allemal geschehen, es ist nicht wiederholbar, sondern steht einmalig in der Geschichte da, weil es eine Kraft hat, die alle bisherigen Opfer übersteigt. Und drittens: an diesem Opfer nehmen wir Anteil, wenn wir die Eucharistie feiern: Die Kommunion ist die Hostie, die Opferspeise: der geopferte Leib Jesu.

Aber warum Opfer, warum Tod, warum Blut? Wir finden die Antwort in der Enzyklika des Papstes über die Liebe Gottes. Am letzten Sonntag habe ich von der menschlichen Sozialnatur gesprochen, die nur dann zur Selbstverwirklichung kommt, wenn der Mensch „den Weg aus dem in sich verschlossenen Ich zur Freigabe des Ich, zur Hingabe und so gerade zur Selbstfindung" geht (DCE n. 6). Der Papst begründet diesen Gedanken mit einer Schriftstelle:

„*Wer sein Leben zu bewahren sucht, wird es verlieren; wer es dagegen verliert, wird es gewinnen*“ (Lk 17, 33)... Jesus beschreibt damit seinen eigenen Weg, der durch das Kreuz zur Auferstehung führt – den Weg des Weizenkorns, das in die Erde fällt und stirbt und so reiche Frucht trägt; aber er beschreibt darin auch das Wesen der Liebe und der menschlichen Existenz überhaupt von der Mitte seines eigenen Opfers und seiner darin sich vollendenden Liebe her.“ (n. 6)

Liebe ist demnach wesentlich Hingabe, und als Hingabe ist sie Opfer: Verzicht auf das Eigene zum Wohle des anderen. In einer Welt, die mit Bosheit angefüllt ist, kann die Liebe sogar die Gestalt des blutigen Opfers annehmen – und gerade so überwindet sie die Bosheit von innen her.

Der Papst zeigt von hier aus den Zusammenhang mit der Eucharistie auf: „Diesem Akt der Hingabe hat Jesus bleibende Gegenwart verliehen durch die Einsetzung der Eucharistie während des Letzten Abendmahles.“ Die Eucharistie ist die Feier, in der der Opfertod Jesu immer neu gegenwärtig gesetzt wird, damit alle Menschen, eben auch wir, zugegen sein können und die Frucht der Versöhnung erhalten. Während der Alte Bund einen Kult erforderte, bei dem immer neue Opfertiere geschlachtet werden mußten, hat Christus mit seinem Blut einen neuen Bund gestiftet, der am Kreuz ein für allemal besiegelt wurde und unsererseits keine neuen Opfer erfordert, sondern lediglich die Bereitschaft, uns davon erfüllen und umwandeln zu lassen.

Und nun kommt ein sehr tiefer Gedanke in der Enzyklika:

„Wenn die antike Welt davon geträumt hatte, daß letztlich die eigentliche Nahrung des Menschen – das, wovon er als Mensch lebt – der *Logos*, die ewige Vernunft sei: Nun ist dieser *Logos* wirklich Speise für uns geworden – als Liebe. Die Eucharistie zieht uns in den Hingabeakt Jesu hinein. Wir empfangen nicht nur statisch den inkarnierten *Logos*, sondern werden in die Dynamik seiner Hingabe hineingenommen.“ (n. 13)

Wovon lebt der Mensch? Nach der Auffassung der griechischen Philosophen lebt der Mensch von der Theorie, der Schau, der Vernunft. Die christliche Lehre überbietet diese Meinung: Der Mensch lebt zwar auch von alledem, aber mehr noch lebt er von der Liebe. Ja, er kann nur leben, wenn Logik und Liebe keine Gegensätze mehr sind, wenn sie zusammengehen. Und darum darf die Kommunion auch nichts Statisches bleiben, kein bloßes Konsumieren und Besitzen; sie zielt vielmehr auf eine Dynamik, auf die Liebe Christi nämlich, an der der Kommunizierende Anteil nehmen kann und soll. Der Empfang der Opferspeise soll mich selbst bereit machen zur Liebe, zum Mitgehen mit der

Liebe Christi, zum Eingehen in sein Opfer; die Kommunion soll wirklich sein, was das Wort bedeutet: Gemeinschaft.

Hieran schließt sich ein weiterer wichtiger Gedanke: Die Kommunion ist nie etwas Isoliertes, das allein einem einzelnen zukommt.

> „In der Kommunion werde ich mit dem Herrn vereint wie alle anderen Kommunikanten: »*Ein Brot ist es. Darum sind wir viele ein Leib, denn wir alle haben teil an dem einen Brot*«, sagt der heilige Paulus (1 Kor 10, 17). Die Vereinigung mit Christus ist zugleich eine Vereinigung mit allen anderen, denen er sich schenkt. Ich kann Christus nicht allein für mich haben, ich kann ihm zugehören nur in der Gemeinschaft mit allen, die die Seinigen geworden sind oder werden sollen. Die Kommunion zieht mich aus mir heraus zu ihm hin und damit zugleich in die Einheit mit allen Christen.“ (n. 14)

Die Liebe Gottes macht sich gerade darin kund, daß sie die von ihr Ergriffenen berührt und zu einem Leib zusammenschmilzt. In dieser Mitte des christlichen Kultgeschehens ist jeder Egoismus ausgeschlossen! Man kann nun nicht mehr Kult und Ethos getrennt praktizieren oder gegeneinander ausspielen, also das eine tun und das andere lassen. Wer ohne Liebe an der Eucharistie teilnimmt, dem fehlt das wichtigste – er geht leer aus. Ich zitiere:

> „Im ‚Kult' selber, in der eucharistischen Gemeinschaft ist das Geliebtwerden und Weiterlieben enthalten. Eucharistie, die nicht praktisches Liebeshandeln wird, ist in sich selbst fragmentiert, und umgekehrt wird … das ‚Gebot' der Liebe überhaupt nur möglich, weil es nicht bloß Forderung ist: Liebe kann ‚geboten' werden, weil sie zuerst geschenkt wird.“ (n. 14)

Liebe Gemeinde! „*Gott ist Liebe!*“ ist kein schöner Kalenderspruch, sondern eine Wahrheit, die wir nicht genug bedenken können. Heute steht mit der Eucharistie der Aspekt dieser Liebe im Vordergrund, der darauf zielt, daß wir alle immer mehr von dieser Liebe durchdrungen werden. Und wir antworten darauf mit Dankbarkeit und hochgemuter Freude, wenn wir nun den Leib des Herrn durch unser Dorf begleiten.

Predigt zum 24. So. i. J. (B) – 17. 9. 06 - St. Pankratius –

Jak 2,14-18– Gott ist die Liebe.

Teil 6: Gottes- und Nächstenliebe

Liebe Gemeinde!

In Indien wurde einmal ein Mädchen, das seinen kleinen Bruder bergauf trug, gefragt: „*Wird dir die Last nicht zu schwer*?“ – „*Das ist keine Last*“, antwortete das Mädchen, „*das ist mein Bruder*“. In diesen kurzen Worten kommt sehr schön zum Ausdruck, was Nächstenliebe ist. Sie ist keine Kraftanstrengung, die auch noch zu leisten ist und gerade noch geschultert werden kann. Nächstenliebe ist nicht zuerst eine Tat, sondern eine Einstellung, eine innere Haltung, die dem Tun vorausgeht und ihm die Seele gibt.

Am heutigen Caritassonntag werden wir daran erinnert, daß die Liebe zum Nächsten aufs engste mit der Liebe zu Gott zusammenhängt. Der Jakobusbrief spricht dies unmißverständlich aus: „*Meine Brüder, was nützt es, wenn einer sagt, er habe Glauben, aber es fehlen die Werke? Kann etwa der Glaube ihn retten*?“ (Jak 2,14) Glaube ohne Werke ist toter Glaube (Jak 2,17), im Grunde bloß geheuchelt, denn der Glaube „*kommt in der Liebe zur Wirksamkeit*“ (Gal 5,6). Und wo es an dieser Frucht fehlt, da ist auch das ganze Gewächs nichts wert.

Der Papst macht in seiner Enzyklika sehr eindringlich auf die Einheit von Gottes- und Nächstenliebe aufmerksam. Er geht aus von der Frage: „Können wir Gott überhaupt lieben, den wir doch nicht sehen?“ (DCE n. 16) Dazu zitiert er aus dem 1. Johannesbrief: „*Wenn jemand sagt: ‚Ich liebe Gott'', aber seinen Bruder haßt, ist er ein Lügner. Denn wer seinen Bruder nicht liebt, den er sieht, kann Gott nicht lieben, den er nicht sieht*“. (1 *Joh* 4, 20) Er erklärt dazu, „daß die Nächstenliebe ein Weg ist, auch Gott zu begegnen, und daß die Abwendung vom Nächsten auch für Gott blind macht.“ In dem Beispiel von eben: Das Mädchen, das seinen Bruder aus Liebe trägt, begegnet in ihrem Tun dem lebendigen Gott, der die Liebe selbst ist. Es lernt die Gottesliebe in der konkreten Liebe zum Nächsten, zum Bruder.

Und umgekehrt: der Bruder spürt in der Liebe seiner Schwester die Liebe Gottes. Gott geht – wie der Papst sagt – „durch Menschen“ immer neu „auf uns zu“; er geht also in dem Mädchen auf den kleinen Jungen zu und trägt ihn, indem das Mädchen ihn trägt.

Das Mädchen empfindet seinen Bruder nicht als Last. Das Tragen ist keine Zumutung, nichts äußerlich Auferlegtes, vielmehr eine Tat, die aus dem Innern seines Herzens herauskommt. So ist das Ideal der Liebe: daß die Pflichten leicht werden, keine äußerlichen Gebote mehr sind, daß der Wille desjenigen, den ich liebe, mit meinem Willen eins wird, so daß ich gern tue, was der andere von mir erwartet bzw. wozu mich meine Verantwortung aufruft. Genauso ist aber auch das Ideal der Gottesliebe: daß – so schreibt der Papst:

> „der Wille Gottes nicht mehr ein Fremdwille ist für mich, den mir Gebote von außen auferlegen, sondern mein eigener Wille aus der Erfahrung heraus, daß in der Tat Gott mir innerlicher ist als ich mir selbst. Dann wächst Hingabe an Gott. Dann wird Gott mein Glück." (DCE n. 17)

Es gibt somit einen Weg von der Nächstenliebe zur Gottesliebe, aber es gibt ebenso einen Weg von der Gottesliebe zur Nächstenliebe – beide stehen in einer „notwendigen Wechselwirkung". Ich zitiere:

> „Wenn die Berührung mit Gott in meinem Leben ganz fehlt, dann kann ich im anderen immer nur den anderen sehen und kann das göttliche Bild in ihm nicht erkennen." (DCE n. 18)

Denn Nächstenliebe heißt ja, dem anderen „den Blick der Liebe" geben, und das ist so gut wie unmöglich bei Mitmenschen, die ich kaum kenne oder die mir wenig sympathisch sind. Dann muß ich „von Gott her lieben", „aus der Perspektive Jesu Christi heraus", der jeden Menschen als Freund annimmt. Dann kann auch der Fremde wie ein Bruder, wie eine Schwester, wie ein Freund werden, denn „sein Freund ist mein Freund." Oder wie Jesus einmal gesagt hat: „*Was ihr dem Geringsten meiner Brüder getan habt, das habt ihr mir getan.*" (Mt 25,40)

Und wieder umgekehrt – ich zitiere wieder:

> „Wenn ich aber die Zuwendung zum Nächsten aus meinem Leben ganz weglasse und nur ‚fromm' sein möchte, nur meine ‚religiösen Pflichten' tun, dann verdorrt auch die Gottesbeziehung. Dann ist sie nur noch ‚korrekt', aber ohne Liebe. Nur meine Bereitschaft, auf den Nächsten zuzugehen, ihm Liebe zu erweisen, macht mich auch fühlsam Gott gegenüber. Nur der Dienst am Nächsten öffnet mir die Augen dafür, was Gott für mich tut und wie er mich liebt. … Liebe wächst durch Liebe."

Mit diesen Gedanken beschließt der Papst den ersten Teil seiner Enzyklika, um im zweiten Teil auf das Liebestun der Kirche, die Caritas, einzugehen. Hierauf komme ich vielleicht später noch einmal zurück. Aber mir scheint heute ein aktueller Hinweis angebracht: Der Papst hat in einer Vorlesung in Regensburg in Glaubenssachen Frieden und Gewaltlosigkeit angemahnt und einen mittelalterlichen Kaiser zitiert, der die Frage gestellt hat, welchen Beitrag der Islam dazu gegeben hat und heute gibt. Dem Kaiser Manuel ging es in seinem damaligen Dialog mit einem persischen Muslimen um die christliche Einsicht, daß Gewalt im Widerspruch zum Wesen Gottes und zum Wesen der Seele steht. Diese Einsicht, die sich aus dem Doppelgebot der Liebe ergibt, vermißt er bei Mohammed. Dieser dachte und handelte aus der Vorstellung, daß Gott sich mit seiner Allmacht durchsetzt und daß folglich derjenige, der Gott auf seiner Seite weiß, auch Gewalt anwenden darf, um der Wahrheit Raum zu geben. Jesus jedoch hat dieser Denkungsart widersprochen und Gott als einen Gott der Liebe gepredigt.

Der Papst zitiert den Kaiser: „Zeig mir doch, was Mohammed Neues gebracht hat, und da wirst du nur Schlechtes und Inhumanes finden wie dies, daß er vorgeschrieben hat, den Glauben, den er predigte, durch das Schwert zu verbreiten." Diese Kritik am Djihad, am Heiligen Krieg, also an der Durchsetzung religiöser Überzeugungen mit Gewalt und Terror, war damals berechtigt und ist auch heute nicht weniger legitim. Es ist eine Tatsache, daß der Koran den Heiligen Krieg empfiehlt und daß Mohammed selbst aus diesem Geist heraus Gewalt ausgeübt hat. Hierauf hinzuweisen, ist keine Beleidigung Mohammeds und der Muslime – wie es z.B. die Karikaturen gewesen sind, vielmehr ein Appell an den guten Willen aller Menschen, sich nachdrücklich von Terror und Gewalt zu distanzieren. Gerade die verbrecherischen Terroranschläge der letzten fünf Jahre beweisen die Notwendigkeit, daß insbesondere die führenden Religionsvertreter Gewalt im Namen Gottes ächten. Dies zeigen um so mehr die gewaltsamen Reaktionen, die aus dem von Papst Benedikt beklagten Ungeist stammen und von Menschen geschürt werden, die Freude an Chaos, Krieg und Gewalt haben. Wir dürfen uns von diesen verbrecherischen Freunden des modernen Djihad nicht einschüchtern lassen, dürfen nicht tolerieren, daß der Papst als der Bote des Friedens und der Liebe von Predigern des Hasses zum Schweigen gebracht wird.

Glaube, Hoffnung und Liebe

FÜNF PREDIGTEN ÜBER DIE GÖTTLICHEN TUGENDEN

AXEL SCHMIDT

03. April bis 8. Mai 2005

Predigt zum 2. Ostersonntag (A) - 3. 04. 05 - St. Pankratius –

Trilogie über Glaube, Hoffnung und Liebe. 1. Glauben

Liebe Gemeinde!

Die Osterzeit bietet uns in ihren Sonntagslesungen vielfältige Möglichkeiten zur Vertiefung unserer Gottesbeziehung. Ich möchte dieses Angebot nutzen und Ihre Aufmerksamkeit auf eine typisch christliche Überzeugung richten, die leider in Vergessenheit zu geraten droht: die Überzeugung, daß unsere Gottesbeziehung nur von Gott selbst hergestellt werden kann, von uns Menschen hingegen nicht; das einzige, was wir können, ist, dazu in Freiheit Ja zu sagen und mitzuwirken mit dem zuvorkommenden Gott.

Die Beziehung, die wir Erdenbürger zu Gott haben, ist aber dreifältig, sie verwirklicht sich in drei Grundakten, im Glauben, in der Hoffnung und in der Liebe. Glaube, Hoffnung und Liebe werden als „göttliche Tugenden" bezeichnet; sie heißen so, weil wir sie nicht haben können, ohne daß Gott sie uns schenkt, d.h. ohne daß er unserem eigenen Akt des Glaubens, Hoffens oder Liebens schon zuvorgekommen ist, um ihn zu ermöglichen.

Heute und an den kommenden Sonntagen möchte ich also über diese drei Tugenden sprechen. Ich beginne mit dem Glauben. Ich spreche nicht in erster Linie über den Inhalt des Glaubens, sondern darüber, was es bedeutet, daß der Glaube eine göttliche Tugend ist, und was wir Menschen für unseren Glauben tun können und sollen.

Nach wie vor gibt es in der Bundesrepublik eine Mehrheit, die sagt: „Ich glaube an Gott." Für viele besagt dies aber nicht eben viel; sie haben eine diffuse Vorstellung, daß es jenseits der sichtbaren Welt noch etwas Anderes geben muß, eine Macht, die darüber steht. Wenn sie sagen „Ich glaube...", dann sagen sie nicht mehr als: „Ich nehme an, ich könnte mir vorstellen..." Für ihr Leben hat das weiter keine Bedeutung. Sie werden auch nicht beunruhigt durch Menschen, die sagen: Ich nehme das nicht an, ich glaube nicht, oder ich glaube nur, was ich sehe. In ähnlicher Weise können zwei Mediziner verschiedener Meinung darüber sein, ob ein bestimmtes Krankheitssymptom durch einen unbekannten Erreger ausgelöst wird oder durch eine interne Ursache. Wenn der eine sagt: „Ich glaube an einen externen Erreger", dann nimmt er an, daß man diesen vielleicht nachweisen wird; aber wenn man es nicht kann, dann ist es für ihn auch okay.

Offensichtlich ist dieses Modell für den Glauben absolut unpassend. Ich glaube nicht so an Gott, wie ein Mediziner einen noch unbekannten Erreger vermutet. Im Gegenteil: Mein Glaube setzt eine gewisse Bekanntschaft mit Gott voraus. Er ist eine Antwort auf eine Offenbarung, die Gott uns gemacht hat. „Ich glaube an Gott“ ist keine sachhafte Aussage, sondern ein persönlicher Akt, der auf eine Person, nämlich Gott gerichtet ist. Ich meine damit: „Ich glaube dir, Gott, und ich glaube das, was du mir sagst. Ich baue auf dich, ich setze mein Leben auf dich.“ – Und wenn ich das so verstehe, dann werde ich allerdings doch sehr beunruhigt, wenn andere Menschen in meiner Nähe diesen Glauben nicht mit mir teilen.

Vielleicht fragen sich jetzt einige, wie das zugehen soll, daß wir Gott schon kennen müssen, um an ihn zu glauben. Glauben heißt doch gerade nicht wissen, oder? – Das stimmt, aber so ausgedrückt, bleibt es mißverständlich. Man könnte das so verstehen, als wäre der Glaube fehlendes oder unvollständiges Wissen, eine Theorie, deren letzte Vergewisserung noch aussteht. Aber so ist es gerade nicht: Glauben ist eine andere, vom Wissen unterschiedene Weise, der Wirklichkeit zu begegnen, und zwar der Wirklichkeit, von der alles andere abhängt, der Wirklichkeit Gottes. Ich kann nämlich durchaus etwas über Gott wissen, ohne an ihn zu glauben, so ähnlich wie ich einen Menschen recht gut kennen kann, ohne an ihm interessiert zu sein.

Die Bekanntschaft mit Gott, die für den Glauben vorausgesetzt ist, ist freilich nicht so leicht dingfest zu machen. Sie äußert sich in vielfältigen Erfahrungen, wie sie in Kirchenliedern ausgedrückt werden, z.B.: „Lobet den Herren, der alles so herrlich regieret, der dich auf Adelers Fittichen sicher geführet, der dich erhält, wie es dir selber gefällt. Hast du nicht dieses verspüret?“ – Gott kommt mir zuvor und rührt mich in der Tiefe des Herzens an, und das geschieht auf verschiedenste und unaussprechliche Weise. Meistens ist mir dieses Entgegenkommen Gottes nicht bewußt, aber manchmal doch, und dann erfahre ich Seine Gegenwart, sei es im Gebet, sei es im Gottesdienst, in der Lesung der Heiligen Schrift, sei es im Dienst am Anderen, sei es in der Liebe, die andere mir schenken, oder auch angesichts der Schönheit der Schöpfung.

Aber, so könnten Sie mir entgegenhalten: das sind doch keine echten Erfahrungen der Nähe Gottes, ich deute sie vielleicht so; ich könnte sie auch ganz anders deuten. – Das gebe ich zu. Die genannten Erfahrungen können so und so gedeutet werden. Aber nicht jede Deutung ist gleich angemessen, im Gegenteil: manche Deutungen sind ganz und gar unangemessen. Wenn mich ein Mensch z.B. anlächelt, ist das eine Erfahrung, die ich etwa so deuten kann: dieser Mensch will mir wohl, er teilt mir etwas von seiner Freundlichkeit mit. Ich könnte es aber auch so deuten: Dieser Mensch verstellt sich, er will mich unterschwellig manipulieren. Ebenso kann ich eine religiöse Erfahrung nachträglich verschieden deuten: Bei den Weltjugendtagen machten viele Jugendliche eine Erfahrung der Nähe Gottes; manche von ihnen sagten: hier hat sich mir Gott von einer seiner vielen gütigen Seiten gezeigt. Andere dagegen ließen den Zweifel zu: Warum läßt sich Gott nicht immer so unmittelbar erfahren? Und sie kehrten in den Alltag zurück, ob als nichts gewesen wäre...

Als die Jünger am Ostertag Jesus wiedersahen, war auch dies eine Erfahrung, die einer Deutung bedurfte. Das sehen wir am deutlichsten an der Reaktion des Thomas. Er sagt nämlich zu Jesus: *„Mein Herr und mein Gott!*“ Das war sein Glaubensbekenntnis: „Du, Jesus, bist es, auf den ich fortan mein Leben setze. Dir will ich glauben.“ Und Jesus entgegnet ihm: „Weil du mich gesehen hast, glaubst du. Selig, die nicht sehen und doch glauben.“ Offensichtlich ist diese Bemerkungen auf uns gemünzt, die wir Jesus nicht sehen können. Gott ist unsichtbar, und auch die Apostel haben Gott nicht gesehen, sondern nur Jesus, der von sich gesagt hat: „Wir mich gesehen hat, hat den Vater gesehen.“ Diesem Wort haben sie Glauben geschenkt, und so waren sie die ersten gläubigen Christen. Wir aber sehen nicht einmal Jesus. Sind wir also in einer schlechteren Lage als die Apostel? – Ja und nein. Einerseits schon: Denn die Persönlichkeit Jesu war offensichtlich überaus strahlend und vertrauenerweckend, und insofern mußte der Umgang mit IHM den Glauben erleichtern. Andererseits aber auch nicht: Denn auch heute gibt es strahlende und überzeugende Christen, die wir sehen können und die zum Mitglauben einladen. Ja, in gewisser Weise sind wir sogar in einer besseren Lage als die Apostel, weil wir die ganze Kette der Zeugen kennen, die Jesus in 2000 Jahren glaubend gefolgt sind. Wir sehen, was die Jünger nicht sahen: Wie sich sein Gleichnis vom Senfkorn bewahrheitet hat, wie aus einer winzigen Schar eine riesige Kirche gewachsen ist. Wir haben viel weniger Zweifel als die ersten Christen, ob Jesus vielleicht bloß ein Spinner oder Träumer war.

So schauen wir in diesen Tagen besonders auf den Papst als ein unübersehbares Leuchtfeuer des Glaubens. Jetzt wo er das Ende seines Lebens erreicht hat, dringt es plötzlich in das Bewußtsein der Massen: Dieser Mann war nicht nur ein großer Glaubender, er war ein Apostel, wie die Welt seit Paulus keinen gesehen hat. Papst Johannes Paul II. war in seiner Person ein ganz einzigartiger Beweis für das Wort Jesu vom Berge versetzenden Glauben, ein Zeuge des fortlebenden Christus, vor dem jeder Unglaube lächerlich wirkt. Zeit seines Lebens hat dieser Papst angekämpft gegen die verbreitete Unentschlossenheit und Gleichgültigkeit gegenüber der Wahrheit, und gegen die Strömung, die er Kultur des Todes genannt hat. Millionen von Menschen haben sich durch sein Zeugnis ansprechen und ermutigen lassen, sich nun gleichfalls auf die Seite des Evangeliums zu stellen, ihr Herz zu geben, d.h. zu glauben.

Der Glaube ist somit zweierlei: eine göttliche Gabe und eine freie Antwort, die wir geben oder auch verweigern können. Worauf es ankommt, ist, daß wir versuchen, unseren Glauben zu vertiefen und ihn stärken zu lassen. „*Stärke unseren Glauben*" baten schon die Apostel ihren Herrn. So müssen auch wir darum beten, daß Gott unseren Glauben stärkt. Und dabei können und sollen wir mitwirken – indem wir den Glauben praktisch werden lassen. Die erste Praxis des Glaubens ist das Gebet und der Gottesdienst. Wer glaubt, will dem begegnen, auf den er sein Leben baut. Darum ist die andächtig mitgefeierte Eucharistiefeier der erste und wichtigste Ausdruck des Glaubens und zugleich dessen Quelle und Kraft.

Predigt zum 3. Ostersonntag (A) - 10. 04. 05 – Joh 21,1-14

TRILOGIE ÜBER GLAUBE, HOFFNUNG UND LIEBE. 2. HOFFNUNG

Liebe Gemeinde!

Es hört sich an wie eine Resignation, wenn Petrus nach dem dramatischen Ende seins Herrn und Freundes Jesus meint: „*Kommt, wir gehen wieder fischen*!" Und die anderen Jünger sind mit diesem Vorschlag sofort einverstanden und rufen: „*Wir kommen auch mit.*" Ihr Handeln ist verständlich: Sie tun wieder das, was sie gelernt haben, wo sie sich auskennen und verzichten auf die großen Perspektiven für die Zukunft. Sie haben ihren Glauben an Jesus nicht verloren, aber sie sind ohne Hoffnung.

Über diese göttliche Tugend spreche ich heute. In gewisser Weise fällt sie uns modernen Menschen schwerer als der Glaube und die Liebe. Das meint auch Charles PÉGUY:

> „Der Glaube, den ich am liebsten mag, sagt Gott, ist die Hoffnung... Der Glaube wundert mich nicht... Ich bin so strahlend sichtbar in meinen Geschöpfen... Daß, um mich nicht zu sehen, diese armen Leute wirklich mit Blindheit geschlagen sein

müßten....Die Liebe, sagt Gott, das wundert mich nicht. … Die Liebe ist ganz natürlich, ... sie ist die erste Bewegung des Herzens.

Aber die Hoffnung, sagt Gott, das verwundert mich wirklich sehr. … Das ist wirklich erstaunlich. Daß diese armen Kinder sehen, wie das alles zugeht, und daß sie glauben, morgen gehe es besser... Das ist verwunderlich, und das ist entschieden das größte Wunder unserer Gnade. So daß es mich selber verwundert. Denn Glaube sieht nur, was ist. Sie aber sieht, was sein wird. Und Liebe liebt nur, was ist. Sie aber liebt, was sein wird."

Hoffnung richtet sich auf ein zukünftiges Gut. Sie sagt: „Es wird gut ausgehen; es wird ein gutes Ende nehmen." Erhoffen können wir nur etwas, was wir sehnsüchtig herbeiwünschen, was wir aber nicht in der Hand haben; etwas, von dem wir dennoch in freudiger Zuversicht erwarten, das es uns zuteil wird. Wir können das Erhoffte nicht bewirken, herbeischaffen oder erzeugen, aber es wäre keine Hoffnung, wenn wir nicht irgendwie gewiß wären, daß unsere Erwartung sich einst erfüllen wird.

Nun gibt es vielerlei, was wir erhoffen: gutes Wetter, einen guten Ausgang einer Prüfung, Gesundheit, langes Leben, Gedeihen der Kinder, Erfolge aller Art. Das ist völlig normal und in Ordnung. Menschen, die mit einem natürlichen Optimismus ausgestattet sind, sind uns normalerweise unmittelbar sympathisch. Sie strahlen uns an und machen kurzzeitig unser Leben ein wenig heller. Solche Art von Zuversicht ist eine wertvolle Gabe, die aber als solche noch nicht ohne weiteres Tugend ist. Selbst Petrus und seine Freunde hatten nach Jesu Tod noch dies und das zu erhoffen; jedenfalls hofften sie auf einen guten Fischfang. Aber sie hofften nicht mehr auf einen guten Ausgang ihres Lebens überhaupt, darauf, daß Jesus „der sei, der Israel erlösen werde" (Lk 24,21). Diese Hoffnung hatten sie begraben. Aber dabei handelte es sich eben um die eine Hoffnung, neben der es keine anderen Hoffnungen gibt, die eine und fundamentale Hoffnung, die sich nicht auf ein einzelnes Gut richtet, sondern auf einen umfassenden Sinn, auf ein zukünftiges Heilsein des ganzen Lebens. Und allein diese eine Hoffnung, von der wir nur im Singular sprechen können, verdient es, Tugend genannt zu werden, sie ist göttliche, d.h. von Gott geschenkte Tugend.

Was ist das Besondere an dieser Hoffnung? Es tritt gerade dann zutage, wenn die Hoffnungen, die es im Plural gibt, zusammenbrechen und ihren Sinn verlieren. Dies ist bei allen unheilbar Kranken oder auch bei den Martyrern der Fall; auf negative Weise auch bei denen, die sich das Leben zu nehmen versuchen. Wenn die gewöhnlichen Alltagshoffnungen dahinschwinden, dann kann die echte Hoffnung ihr strahlendes Gesicht erheben, oder aber auch die

Verzweiflung, die verborgen schon da war, den Menschen vollends übermannen.

Am todkranken Papst konnten wir erfahren, was die christliche Hoffnung ausmacht. Er schrieb an die polnischen Schwestern, die ihn seit vielen Jahren pflegen: „Ich bin froh, seid ihr es auch." Der unheilbar Kranke bezieht seine Freude aus dem umfassenden Heil, das Gott allein geben kann, das aber noch unsichtbar ist. Diese Freude nimmt die Hoffnung vorweg, von der Paulus sagt: *„Denn wir sind gerettet, doch in der Hoffnung. Hoffnung aber, die man schon erfüllt sieht, ist keine Hoffnung. Wie kann man auf etwas hoffen, das man sieht? Hoffen wir aber auf das, was wir nicht sehen, dann harren wir aus in Geduld.*" (Röm 8,24f)

Nun sagte ich eingangs, daß dem modernen Menschen die Hoffnung schwerer fällt als der Glaube und die Liebe. Wer nicht hofft, glaubt nicht, daß sein Leben wirklich einen Sinn hat und auf eine Erfüllung angelegt ist, die in der Zukunft liegt und von Gott verheißen ist. Wer nicht hofft, nimmt die Nicht-Erfüllung vorweg; er ist verzweifelt. Unsere Epoche ist der Versuchung zur Verzweiflung in besonderer Weise ausgesetzt.

Das sieht man freilich nicht auf den ersten Blick, denn allenthalben wird uns ja ein vordergründiger **Optimismus** präsentiert und eingeredet, alles wäre easy, leicht und locker. Doch dahinter steckt eine Mentalität, die Sören Kierkegaard als „Verzweiflung der Schwachheit" bezeichnet hat. Die Geisteshaltung, um dies es hier geht, besteht darin, daß der Mensch nicht wagt, er selbst zu sein; er weigert sich, sein eigenes Wesen und seine Berufung anzunehmen: sie ist ihm zu hoch und zu schwer, denn sie mutet ihm eine Würde zu, die ihm eben als Zumutung erscheint, als etwas, für das er sich zu schwach fühlt; darum „Verzweiflung der Schwachheit". Der Mensch, der davon geprägt ist, weicht seiner Berufung aus, geht sich selbst aus dem Weg und verliert sich in Ablenkungen jeder Art. Weil er nicht in sich ruhen, nicht bei sich selbst zu Hause sein kann, muß er den freilich vergeblichen Versuch machen, aus der eigenen Mitte auszubrechen – zum Beispiel in die Rastlosigkeit des Arbeitens oder auch in die unersättliche Neugierde der Schaulust und des Tratsches. Der Lärm der Unterhaltungsindustrie übertönt das Bewußtsein, daß man an der Mitte seines Lebens vorbeilebt und für die Zukunft eigentlich keine Erwartungen hat. Und da die verborgene Verzweiflung jeden Moment an die Oberfläche gelangen kann, müssen der Lärm und die Reizüberflutung immer stärker werden. Die öffentliche Neugier soll den Menschen in eine Scheinwelt leerer Reizdinge einsperren; symptomatisch sind Fernsehsendungen wie „Big

Brother", sie dienen als Droge gegen das lauernde Bewußtsein, in der Seele krank zu sein und das Ziel des Lebens verfehlt zu haben.

Von dieser „Verzweiflung der Schwachheit", die mit der nach außen gespielten optimistischen Lebensart einhergeht, sind auch wir Christen angekränkelt. Das Fernsehen und die sonstigen Einflüsse der modernen Welt verfehlen ihre Wirkung nicht. Der durchschnittliche Christ pendelt deshalb oft zwischen Optimismus und Pessimismus, zwischen übertriebener Weltbejahung und Weltverachtung. Wenn wir etwa von den düsteren Prognosen für unser Land erfahren, dann beginnen wir gern, zu jammern und verbittert zu klagen.

Dabei können Krisen durchaus heilsam sein. Sie entstehen durch Enttäuschung, und Enttäuschung besagt dabei durchaus auch etwas Positives, nämlich Befreiung aus einer Täuschung. Freilich ist solche Befreiung nur selten willkommen, sie tut weh, sie geht unter die Haut. Wenn ich z.B. schwer krank werde, zerbricht die heimlich gepflegte Illusion uneingeschränkter Vitalität; wenn ich ein mühsam erstrebtes Ziel nicht erreiche, muß ich einsehen, daß ich aufs falsche Pferd gesetzt habe. Aber gerade in solchen Enttäuschungen bricht mit aller Macht die Frage auf, ob meine Existenz im Ganzen von solchen enttäuschten Hoffnungen abhängt, oder ob sie sich nicht einer höheren Wirklichkeit verdankt, nämlich Gott, der allein der Grund meiner tiefsten Hoffnung sein kann. In der Bedrängnis hoffen – das ist wahrhaft „Hoffnung gegen alle Hoffnung" (vgl. Röm 4,18).

Wenn die Hoffnung so verstanden wird, ist klar, daß sie eine Haltung ist, die in gewisser Weise das Menschenmögliche übersteigt, eben eine göttliche Tugend. Nur Gott kann mir letztlich die Kraft geben, die irdischen Ziele zu übersteigen und auf das Ewige Leben zu hoffen. Natürlich braucht diese Hoffnung einen Grund, der sie rechtfertigt. Dieser Grund ist kein anderer als Jesus Christus, der den Tod besiegt hat.

Die Welt braucht nicht unbedingt optimistische Menschen, aber sie bedarf dringend solcher Menschen, die Hoffnung ausstrahlen, tiefe vom christlichen Glauben geprägte Hoffnung. Nur die echte Hoffnung wird dem Ernst und Elend dieses Lebens gerecht; nur der Hoffende kann in Leid und Enttäuschung Frieden und Freude bewahren.

Darum gilt die Bitte des Apostels Paulus in seinem Römerbrief auch für unsere Zeit: *„Der Gott der Hoffnung aber erfülle euch mit aller Freude und mit allem Frieden im Glauben, damit ihr reich werdet an Hoffnung in der Kraft des Heiligen Geistes.*" (Röm 15,13)

Predigt zum 5. Ostersonntag (A) - 24. 4. 05– Joh 14,1-12

TRILOGIE ÜBER GLAUBE, HOFFNUNG UND LIEBE.

3. LIEBE. A) DIE NEUHEIT DER LIEBE

Liebe Gemeinde!

Das heutige Evangelium enthält fast alle Schlüsselwörter, die Johannes, dem Evangelisten, wichtig sind: Glauben, Sehen, Erkennen; ferner Wahrheit und Leben; schließlich auch das Ineinandersein von Vater und Sohn, das sich fortsetzen soll im Ineinander von Christus und den Christen, wie Jesus besonders am Weinstockgleichnis deutlich macht. „*Ich in ihnen [den Christen] und du [Vater] in mir*" (Joh 17,23), betet Jesus.

Dieses Ineinander ist das Wesen und Ziel der Liebe. Wer den anderen liebt, der strebt danach, mit ihm EINS zu sein. Der himmlische Vater liebt seinen menschgewordenen Sohn so innig und dieser liebt seinen Vater ebenso, daß Jesus sagen kann: „*Wer mich gesehen hat, hat den Vater gesehen. ... Glaubst du nicht, (Philippus,) daß ich im Vater bin und daß der Vater in mir ist?*" (Joh 14,9f)

Jesus ist das Bild des Vaters, seit Ewigkeit ruht er am Herzen des Vaters und ist darum der einzige, der den Vater gesehen und nun von ihm Kunde gebracht hat. (Joh 1,18) An Jesus können wir leibhaftig anschauen, wer Gott ist und wie er handelt; daß Gott die Liebe selbst ist (1 Joh 4,8.16).

„*Nicht darin besteht die Liebe, daß wir Gott geliebt haben, sondern daß er uns geliebt und seinen Sohn als Sühne für unsere Sünden gesandt hat*", schreibt Johannes in seinem ersten Brief (1 Joh 4,10) und reflektiert so das Kommen Jesu in unsere Welt. Und er zieht sofort die Schlußfolgerung: „*Liebe Brüder, wenn Gott uns so geliebt hat, müssen auch wir einander lieben.*" (1 Joh 4,11)

Das ist ein Gebot, aber zuerst einmal ist es ein Geschenk: „*Die Liebe Gottes ist ausgegossen in unsere Herzen durch den Heiligen Geist, der uns gegeben ist.*" (Röm 5,5) Die Liebe ist Gabe und Aufgabe. Sie ist Gabe, weil Gott uns zuerst geliebt und dadurch zur Liebe allererst fähig gemacht hat. Und sie ist Aufgabe, weil sie Sache des freien Willens ist und nicht ein automatisches oder magisches Geschehen in uns. Weil sie beides ist: freies Verhalten und göttliche Gabe, darum ist sie eine göttliche Tugend, und zwar die erste und ranghöchste.

Als freie Zuwendung zum anderen ist die Liebe etwas Urmenschliches und jedermann Bekanntes, nichts Neues. Insofern ist das Gebot der Liebe altbekannt. Andererseits ist die Liebe, die Gott uns erwiesen und zu der er uns erwählt hat, etwas bis dahin Unerhörtes, schlechthin Überraschendes, etwas, das den sog. „alten Menschen" völlig überfordert. Darum schreibt Johannes: *„Liebe Brüder, ich schreibe euch kein neues Gebot, sondern ein altes Gebot, das ihr von Anfang an hattet. Das alte Gebot ist das Wort, das ihr gehört habt. Und doch schreibe ich euch ein neues Gebot, etwas, das in ihm und in euch verwirklicht ist; denn die Finsternis geht vorüber, und schon leuchtet das wahre Licht.*" (1 Joh 2,7f)

Was ist so neu an der Liebe, von der das Neue Testament insgesamt mit 320 Wortvorkommnissen spricht? Es sind vor allem zwei Aspekte, die die Liebe als ein neues Gebot erscheinen lassen: 1. Die von Jesus verkündete, gelebte und geforderte Liebe kennt keine Grenze, sie grenzt keinen Menschen aus, sie überwindet selbst das Freund-Feind-Gegensatz. In diesem Sinne sagt Jesus in der Bergpredigt: *„Ihr habt gehört, daß gesagt worden ist: Du sollst deinen Nächsten lieben und deinen Feind hassen. Ich aber sage euch: Liebt eure Feinde und betet für die, die euch verfolgen, damit ihr Söhne eures Vaters im Himmel werdet; denn er läßt seine Sonne aufgehen über Bösen und Guten, und er läßt regnen über Gerechte und Ungerechte. Wenn ihr nämlich nur die liebt, die euch lieben, welchen Lohn könnt ihr dafür erwarten? Tun das nicht auch die Zöllner?*" (Mt 5,43-46)

Der alte, d.h. der egoistische Mensch erschrickt angesichts dieser Worte, sie erscheinen ihm als Zumutung. Doch Jesus ist den Weg dieser Liebe bis zur Vollendung gegangen: *„Da er die Seinen, die in der Welt waren, liebte, erwies er ihnen seine Liebe bis zur Vollendung.*" (Joh 13,1) Und „Vollendung" heißt hier Tod, Selbstaufopferung. Jesus erklärt die Grenzenlosigkeit seiner Liebeshingabe mit folgenden Worten: *„Es gibt keine größere Liebe, als wenn einer sein Leben für seine Freunde hingibt.*" (Joh 15,13) Und zu diesen Freunden zählt Jesus nicht nur diejenigen, die treu zu ihm halten, sondern auch noch Judas, den er ausdrücklich noch „Freund" nennt, als dieser ihn verriet (Mt 26,50), ja im Grunde auch seine Peiniger, für die er sterbend betet: *„Vater, vergib ihnen, denn sie wissen nicht, was sie tun.*" (Lk 23,34)

Die grenzenlose Liebe ist bereit zur Vergebung und kennt auch darin kein endliches Maß, kein „Jetzt ist es aber genug!" Als Petrus fragt, *„Herr, wie oft muß ich meinem Bruder vergeben, wenn er sich gegen mich versündigt?*

Siebenmal?", da antwortet ihm Jesus: „*Nicht siebenmal, sondern siebenundsiebzigmal.*" (Mt 18,21f) Das heißt: immer und unbegrenzt oft.

Wieder erschrickt der alte Mensch in uns: Wer soll denn dazu fähig sein? Wie schwer fällt es uns, auch nur ein einziges Mal zu vergeben, wenn wir tief verletzt worden sind! Ein Vertrauensbruch z.B. kann eine Beziehung zerstören, weil die Kraft zur Vergebung fehlt. Müssen wir also folgern, daß die Beziehung von Anfang gar keine Liebe gewesen ist? Denn die Liebe ist nach den Worten des Apostels Paulus doch langmütig und gütig (1 Kor 13,4), „*sie erträgt alles*" (1 Kor 13,7) und „*trägt das Böse nicht nach*" (1 Kor 13,6). Ja, wenn ein Mensch dazu nicht mehr fähig ist, dann muß er sich fragen, ob seine Liebe erkaltet ist, ob er sie womöglich verlassen hat (vgl. Offb 2,4).

Wenn wir bei solchen Betrachtungen stehenbleiben, könnten wir entmutigt werden oder – was noch schlimmer wäre – trotzig aufbegehren und denken: „Wenn das so ist, dann will ich vom Neuen Testament gar nichts mehr hören!" Darum sollten wir das bereits zitierte Wort aus dem 1. Johannesbrief noch einmal hören und bedenken: „*Nicht darin besteht die Liebe, daß wir Gott geliebt haben, sondern daß er uns geliebt und seinen Sohn als Sühne für unsere Sünden gesandt hat.*" Hier kommt der zweite Aspekt zum Ausdruck, an dem die Neuheit der christlichen Botschaft von der Liebe aufscheint: Die Liebe ist kein Werk des Menschen, sondern Frucht des Heiligen Geistes (Gal 5,22).

Das Werk der Liebe ist bereits vollbracht und seine Frucht uns geschenkt – das ist die Frohe Botschaft, die uns keiner nehmen und ausreden kann! Darum kann Jesus sagen: „*Ich bin der Weg und die Wahrheit und das Leben.*" Jesus zeigt nicht nur den Weg zum Vater so wie ein Morallehrer, er selbst ist der Weg und die Brücke zum Vater. Jesus sagt nicht nur die Wahrheit, eine Wahrheit, die kalt und hart wäre, er ist die Wahrheit in Person, die im Fleisch erschienene Liebe Gottes: voller Wärme und Anziehungskraft. Jesus redet nicht nur vom Leben, er selbst ist das Leben und ist gekommen, damit auch wir das Leben in Fülle haben. (Joh 10,10)

Worauf es allein ankommt, ist, mit Jesus zum Vater zu gehen (vgl. Joh 14,12), uns immer mehr von Jesus umgestalten zu lassen, bis wir selbst so voll strahlender Liebe sind wie er. Solange wir auf der Erde leben, ist dieser Weg mühsam, steinig, ein Weg, den wir im Glauben und in der Hoffnung gehen; dereinst sind wir am Ziel, und was bleibt, ist die Liebe.

„Für jetzt bleiben Glaube, Hoffnung, Liebe, diese drei; doch am größten unter ihnen ist die Liebe.“ (1 Kor 13,13)

Predigt zum 6. Ostersonntag (A) – 1. 5. 05 – Joh 14,15-21

TRILOGIE ÜBER GLAUBE, HOFFNUNG UND LIEBE.

3. LIEBE. B) LIEBE, LUST UND PFLICHT

Liebe Gemeinde!

Am letzten Sonntag habe ich über die Tugend der Liebe gesprochen und insbesondere herausgestellt, daß die Liebe etwas Neues ist, eine von Gott geschenkte Umwandlung unseres Willens, die uns allererst befähigt, Gott und den anderen Menschen zu lieben. Weil diese Liebe neu ist, erscheint sie dem sog. „alten Menschen“ als Überforderung.

Wie aber steht es mit dem Menschen, der durch die Taufe eine „neue Schöpfung“ geworden ist (2 Kor 5,17)? Empfinden wir, die wir getauft sind, die Botschaft von der Liebe als froh- und freimachend, oder doch eher als schwer und belastend? Wie kommt es, daß wir so oft keine Lust zu dieser Liebe haben?

Ich habe absichtlich die Worte „Lust“ und „Liebe“ zusammengestellt. Was empfinden Sie, wenn Sie beide Worte zusammen hören? Hat Liebe etwas mit Lust zu tun oder gerade nicht? Hier gibt es zwei extreme Auffassungen: Nach der einen ist Liebe geradezu ein anderes Wort für Lust, vor allem für die sexuelle Lust; nach der anderen hat nur der wahre Liebe in sich, der die eigene Lust und Laune überwinden kann und eben nicht nur das tut, wozu er gerade Lust hat. Beide Auffassungen sind einseitig. Sie sagen beide etwas Richtiges, aber verdecken auch einen wichtigen Teil der Wahrheit. Die erste Auffassung beachtet nicht, daß wir in einer sündigen Welt leben, die zweite mißachtet, daß uns die Liebe tatsächlich eine Lust ist oder jedenfalls sein soll, hier auf der Erde zumindest ab und zu, im Himmel ganz gewiß uneingeschränkt.

Wir leben in einer sündigen Welt, sagte ich. Das ist der Schlüssel für das Auseinanderfallen von Lust und Liebe, für die Zerrissenheit in uns selbst, die Paulus so beschreibt: *„Denn ich begreife mein Handeln nicht: Ich tue nicht das, was ich will, sondern das, was ich hasse.“* (Röm 7,15) Z.B. schreie ich meinen Ehepartner an, obwohl ich ihm doch eigentlich nur Gutes sagen wollte. Paulus spricht die Erfahrung aus, daß wir oft etwas tun, wovon wir einsehen, daß es nicht richtig ist, weil es gegen die Liebe ist; und solches Handeln hassen und verabscheuen wir aus tiefster Seele, auch wenn wir selbst so handeln. Der Grund ist: die Natur ist aus dem Gleichgewicht geraten, sie ist nicht mehr integer. Unser Herz geht nicht immer mit, wenn wir dem Menschen nahe sind, den wir lieben. Nicht immer tun wir gern, was wir doch aus Liebe tun möchten oder sollen. Eltern lieben ihr Kind, aber wenn es schreit, dann erscheint es ihnen womöglich als Nervensäge. Ehepartner lieben einander, und doch empfinden sie manchmal die Anwesenheit des anderen als störend. Kinder lieben ihre Eltern, aber nicht selten empfinden sie deren Anordnungen als Einschränkung ihrer Freiheit. Und so könnte ich fortfahren, die mangelnde Lust an der Liebe zu schildern. Lust und Liebe sind nicht identisch. Wer nur das tut, wozu er Lust hat, der hat keine Liebe in sich.

In dem Maße, in dem Lust und Liebe auseinandertreten, nimmt die echte Liebe den Charakter der Pflicht an. Das was sie eigentlich will, wozu ihr aber allzu oft die Neigung fehlt, muß sie sich quasi äußerlich auferlegen – als Pflicht oder als Gebot. Die Pflicht ist keine Einschränkung der Liebe, sondern ihr Ausdruck. Darum kann Jesus sagen: „*Wenn ihr mich liebt, werdet ihr meine Gebote halten.*" (Joh 14,15) Freilich ist es ein Zeichen von Unvollkommenheit solcher Liebe, wenn sie ohne eigene Neigung, sondern nur in Kraft der Pflicht das Gute tut. Aber das ist immer noch besser, als wenn jemand gar nicht aus einer eingesehenen Pflicht handelt, sondern von außen dazu genötigt wird. Dies wäre z.B. der Fall, wenn ein Kind sich für ein Geschenk nur deshalb bedankt, weil es sonst von seinen Eltern bestraft würde. Besser ist es, wenn es aus eigener Einsicht „Danke" sagt, auch wenn es dem Geber gegenüber Abneigung empfindet. Noch besser ist es allerdings, wenn das Kind sich gern bedankt, weil es sich wirklich über das Geschenk freut und echte Gegenliebe zum Geber empfindet, so daß der Dank quasi aus dem Kind herausplatzt. Das sind drei Stufen des guten Handelns: Handeln nur gemäß der Pflicht, die ganz äußerlich bleibt; Handeln aus Pflicht, die innerlich akzeptiert ist; Handeln aus innerlich geliebter Pflicht.

Die höchste Stufe der vollkommenen Liebe, auf der Lust und Liebe sich gegenseitig stützen und verstärken, ist uns in diesem Leben leider nicht immer oder vermutlich nur selten gewährt. Meistens müssen wir uns mit der zweiten Stufe begnügen, auf der sich die Liebe mit der Pflicht verbünden muß, will sie Bestand haben. Wie oft fällt es uns z.B. schwer, auf den anderen Rücksicht zu nehmen oder mit seinen Schwächen Nachsicht zu haben! Des anderen Last tragen ist nur ganz selten süße Pflicht, etwa für die Verliebten oder für die echten Heiligen, meistens ist es schwer, nicht Lust, aber nichtsdestoweniger Werk der Liebe, ja Erfüllung des Gesetzes Christi (Gal 6,2).

Von Gebot und Pflicht zu reden, ist heutzutage nicht besonders angesagt. Es gibt schon zu viele Pflichten im Beruf, im harten Alltag; da sollte wenigstens die Freizeit Spaß machen – so empfinden es die meisten Menschen. Dagegen will ich auch gar nichts sagen. Aber ich muß doch darauf aufmerksam machen, daß das Höchste und Wichtigste im Leben die Liebe ist, die Liebe zum anderen Menschen und die Liebe zu Gott. Sobald ich in Beziehung mit anderen Menschen stehe und diese nicht einfach nur egoistisch ausnutzen will, habe ich Verantwortung für sie – d.h. bin ich aufgefordert zur Antwort auf den Wert des anderen und auf seine berechtigten Bedürfnisse. Die Anerkennung des anderen ist gerade Liebe. Den anderen nicht als Objekt meiner Selbstverwirklichung betrachten, sondern ihn in sich wertschätzen und ihm wohlwollen, das ist Liebe.

Nur ausnahmsweise ist damit ein tiefes Gefühl verbunden, und darum wird solche alltägliche Anerkennung des anderen und das auf ihn gerichtete Wohlwollen meistens unterschätzt. Wenn aber im Fernsehen die Opfer von Naturkatastrophen gezeigt werden und eine Flut von Spenden einsetzt, dann sind starke Gefühle im Spiel, und die Spender fühlen sich als wahre Helden der Nächstenliebe. Hier täuschen wir uns gern über uns selbst. Wieviel Liebe wirklich in uns ist, das können wir aus solchen außergewöhnlichen Vorfällen nicht ersehen, sondern nur daraus entnehmen, wie wir tagtäglich – wenn auch ohne besondere Gefühle – mit unseren Mitmenschen umgehen und wie wir unsere mitmenschlichen Pflichten erfüllen.

Darum sage ich immer wieder zu Leuten, die mich fragen, was sie tun sollen, um in der Liebe zu wachsen: Tut erst einmal eure Pflicht! Das ist schon sehr viel. Versucht, eure Pflicht gern zu tun, legt alle Liebe in die kleinen Dinge des Alltags hinein und träumt nicht von großen Heldentaten!

Wer dies beherzigt, dem gilt das Wort aus dem heutigen Evangelium: „*Wer meine Gebote hat und sie hält, der ist es, der mich liebt; wer mich aber liebt, wird von meinem Vater geliebt werden, und auch ich werde ihn lieben und mich ihm offenbaren.*“ (Joh 14,21)

Predigt zum 7. Ostersonntag (A) - 8. 5. 05 - St. Pankratius – Joh 17,1-11

TRILOGIE ÜBER GLAUBE, HOFFNUNG UND LIEBE.

3. LIEBE. C) ALLEIN DIE LIEBE GENÜGT

Liebe Gemeinde!

Am letzten Sonntag habe ich über Liebe und Pflicht gesprochen, über die oft fehlende Lust zur Liebe. Heute möchte ich die Trilogie über die drei göttlichen Tugenden abschließen mit Gedanken über den Ewigkeitswert der Liebe.

Am letzten Sonntag habe ich gesagt: Wenn die Liebe schon hier auf Erden eine Lust ist, dann wird sie es im Himmel erst recht sein, und zwar uneingeschränkt. Weil aber die Natur durch die Sünde aus dem Gleichgewicht geraten ist, kommt es oft vor, daß die Liebe mühsam ist und wir nicht gern tun, was wir doch aus Liebe tun möchten oder sollen. Das muß ich jetzt noch ein wenig präziser ausdrücken. Liebe ist nicht dasselbe wie die Lust, auch nicht im Himmel, Liebe hat vielmehr eine gewisse Lust oder Freude zur Folge. Aber diese Lust können wir nicht anzielen, so ähnlich wie wir uns auf ein genußvolles Essen freuen können und nun die Schritte planen, die nötig sind, damit uns die Lust des Essens schließlich zuteil wird. Die Liebe kann niemals ein bloßes Mittel zum Zweck der Luststeigerung sein. Sie ist vielmehr Zweck in sich selbst und nur als solcher überhaupt möglich.

Hier kann uns die Sprache täuschen, denn wir sagen ja auch: „Ich liebe diese Speise und jenen Wein.“ Aber das ist doch etwas anderes, als zu sagen: „Ich liebe diesen Menschen.“ Denn ich liebe den Menschen nicht um des Genusses willen, den er mir verschafft – wenn es so wäre, müßten wir urteilen, daß gar keine echte Liebe vorliegt, sondern nur eine gewisse Attraktion, ein Anreiz, der mir Erfüllung eines Bedürfnisses verspricht. Von personaler Liebe sprechen wir erst, wenn wir den anderen um seiner selbst willen lieben, achten und ehren, nicht weil er ein Gut für mich ist, sondern weil er in sich selbst gut ist. Den Unterschied von beiden Affekten können wir sehr leicht erkennen, wenn wir uns fragen, wie wir jeweils reagieren auf ein Gut-für-mich und auf ein Gut-in-sich: Etwas ist für mich gut, wenn es sich meinen Wünschen und Bedürfnissen anschmiegt und fügt – dann und gerade deshalb liebe ich es. Die Liebe, die sich aber auf den Wert einer Person an sich richtet und diesen anerkennt, bejaht und hochschätzt, hat die umgekehrte Zielrichtung: sie gibt sich selbst an diesen hin, sie nimmt nicht, sondern gibt, macht nicht gefügig, sondern fügt sich, hält nicht fest, sondern läßt sich los, läßt sich nicht bedienen, sondern dient.

Aber gerade wenn sie dies tut, wenn die Liebe sich dienend hingibt, dann erfährt sie eine ungeahnte Freude, die nicht angezielt war und nicht angezielt werden konnte, weil sie gar nicht im Blickfeld war. Die Freude, von der ich spreche, überragt alle natürliche Lust, sie ist selbst kein Werk der Natur, sondern zeugt von der Wirklichkeit Gottes, der uns eben so geschaffen hat, daß wir zur wahren Erfüllung erst kommen, wenn wir aus unserem Egoismus heraustreten, aus der natürlichen Verhaftung an das eigene Ich. „*Wer sein Leben zu bewahren sucht, wird es verlieren; wer es dagegen verliert, wird es gewinnen*“, sagt Jesus (Lk 17,33). Und von sich selbst stellt er fest: „*Denn auch der Menschensohn ist nicht gekommen, um sich dienen zu lassen, sondern um zu dienen und sein Leben hinzugeben als Lösegeld für viele.*“ (Mk 10,45)

Daß solche Liebe bis zur Lebenshingabe führt, gehört nicht grundsätzlich zu ihrem Wesen, sondern ist Folge der Sünde. In einer Welt ohne Sünde gibt es keinen Schmerz der Hingabe, sondern nur die unbändige Freude der Hingabe. Was für eine Welt kann das sein? Wenn es sie überhaupt gibt, dann kann es nur die jenseitige Welt sein, die die Bibel „Himmel“ nennt.

Eine Welt ohne Sünde ist eine Welt, in der die Hingabe des einen vom anderen nicht mit Undank belohnt, nicht ausgenutzt oder schnöde zurückgewiesen, sondern mit freudiger Anerkennung und Gegenliebe beantwortet wird. Es ist eine Welt, in der die Liebe des einen die um so größere Liebe des anderen auslöst und so immer weiter bis hin zu unendlicher Steigerung, weil keiner festhalten und für sich allein behalten will, was er vom anderen empfängt. Eine Welt ohne Sünde ist eine Welt ohne Egoismus und ohne die Angst, etwas zu verlieren oder zu verpassen. Das muß uns wie eine Utopie erscheinen: Wie soll das möglich sein? – Und doch sehen wir, daß es ansatzweise diese Welt schon gibt, denn in jeder Liebestat wirft sie ihren leuchtenden Schein in unser Leben hinein.

Wir spüren, daß es ein wirklicher Kampf zwischen zwei Mächten ist, der hier stattfindet: Licht kämpft gegen Finsternis, Liebe gegen Egoismus, Leben gegen den Tod. Und das Merkwürdige ist: Gerade den egoistischen Menschen müßte es ein Anliegen sein, daß die Liebe den Sieg davon trägt, denn sie wollen ja, daß andere sie bedienen. Doch solche gäbe es nicht mehr in einer Welt, in der keiner mehr dienen will, sondern alle nur noch bedient werden wollen; das wäre eine Welt, in der jeder gegen jeden kämpft, eine so schreckliche Welt, daß selbst die Bösen keine Lust am Leben mehr hätten – es wäre die Hölle. Und doch wird kein egoistischer Mensch durch diese Aussicht veranlaßt, sich zu ändern und auf die Seite der Liebe überzuwechseln, vielmehr lediglich denken: „Rette sich, wer kann." Aber niemand kann sich selbst retten, weil der Egoismus kein Weg zur Rettung ist, sondern der Weg ins Verderben, gemäß Jesu Wort: „*Wer sein Leben zu bewahren sucht, wird es verlieren.*"

Rettung ist um keinen geringeren Preis zu erhoffen als den der Liebe. Jeder der liebt, hat dadurch bereits Anteil am Sieg Gottes über das Böse. Jede Liebestat bringt uns dem Himmel und der endgültigen Rettung einen Schritt näher. So gesehen, gibt es in unserem Leben überhaupt nur eine Kategorie von sinnvollen Taten: die Werke der Liebe. Sinnvoll sind nur Liebestaten! Alles andere kann sehr zweckvoll und gewinnbringend sein, für die Ewigkeit indes ist es nur wertloses Stroh. So schreibt Paulus im Hohenlied der Liebe: „*Wenn ich in den Sprachen der Menschen und Engel redete, hätte aber die Liebe nicht, wäre ich dröhnendes Erz oder eine lärmende Pauke. Und wenn ich prophetisch reden könnte und alle Geheimnisse wüßte und alle Erkenntnis hätte; wenn ich alle Glaubenskraft besäße und Berge damit versetzen könnte, hätte aber die Liebe nicht, wäre ich nichts.*" (1 Kor 13,1-2) Das ist so, weil die Liebe die einzige Verbindung dieses Lebens mit dem ewigen Leben ist, das einzige, was in beiden Leben genau gleich ist, weil die Liebe eben das Vollkommenste ist, was es in dieser Welt gibt, und niemals aufhört (1 Kor 13,8), denn es trägt den Keim des Ewigen bereits in sich.

Allein die Liebe genügt. Eine Seligkeit unter dem Niveau der Liebe ist in Gottes Schöpfungsplan nicht vorgesehen. Wenn man dies verstanden hat, dann wird man auch den Satz von Augustinus nicht mißverstehen: „Liebe und tu, was du willst. ... Die Wurzel der Liebe soll das Innerste deines Herzens sein: aus dieser Wurzel kann nichts als Gutes hervorkommen."

Fünf Predigten über den Himmel

Predigt 2. Ostersonntag 2004 - Joh 20,19-31 - St. Pankratius

Predigtreihe über den Himmel: 1. unsichtbare Wirklichkeit

Liebe Gemeinde!

„Weißt du, wo der Himmel ist?" – so fragt ein neueres Lied von Wilhelm Willms und antwortet in drei Anläufen: „Du bist mitten drinnen. – Nicht so tief verborgen, nur einen Schritt aus dir heraus. – Nicht so hoch da oben: du bist (in der Liebe) aufgehoben."

Mit der Frage, die in diesem Lied gestellt wird, möchte ich eine Predigtreihe über den Himmel beginnen. Was ist der Himmel, wo ist er? Gibt es ihn überhaupt? Und wenn es ihn gibt, wie komme ich dahin? Was können wir darüber überhaupt wissen?

Ich beginne diese Reihe mit dem Skeptiker Thomas, der einmal sagte: „Herr, wir wissen nicht, wohin du gehst. Wie sollen wir dann den Weg kennen?" (Joh 14,5) Jesus hatte gerade davon gesprochen, daß er bald zum Vater gehen wird, um dort eine Wohnung für seine Freunde vorzubereiten, und mit den Worten geschlossen: „Wohin ich gehe – den Weg dorthin kennt ihr." Auf das Bekenntnis des Thomas, nicht zu wissen, was Jesu meint, sagt Jesus: „Ich bin der Weg und die Wahrheit und das Leben. Niemand kommt zum Vater außer durch mich."

Statt „Vater" hätte Jesus auch „Himmel" sagen können. Im Himmel sein heißt beim Vater sein; und nicht wissen, wohin Jesus geht, heißt nicht wissen, daß Jesus der Sohn des Vaters und mit diesem EINS ist. So muß Jesus dem Philippus entgegenhalten: „Schon so lange bin ich bei euch, und du hast mich nicht erkannt, Philippus? Wer mich gesehen hat, hat den Vater gesehen. Wie kannst du sagen: Zeig uns den Vater? Glaubst du nicht, daß ich im Vater bin und daß der Vater in mir ist?" (Joh 14,9-10)

Thomas und Philippus benehmen sich so, als hätten sie noch überhaupt nichts von dem verstanden, was Jesus Tag für Tag predigte. Es gelingt ihnen nicht, vom Äußeren ins Innere einzudringen, die Tiefenschicht ihres Meisters Jesus von Nazareth zu erfassen. Das hängt natürlich mit ihrem Charakter zusammen und kann für uns ein Trost sein, wenn es auch uns schwer fällt, das Geheimnis Jesu anzuerkennen und seine Botschaft zu glauben. Auf die Frage, wo der Himmel ist, antworten bis heute viele Menschen achselzuckend: „Da oben, über den Wolken." Das ist der Himmel, den man sehen und wissenschaftlich erforschen kann, die Engländer sagen dazu „sky“. Doch es gibt eine andere Wirklichkeit, die den Namen „Himmel“ trägt; darauf kann man nicht mit dem Finger zeigen und sich in ihr doch aufgehoben fühlen. Die Engländer sprechen dann vom „heaven“.

Thomas gehört offenbar zu der Gruppe der Jünger Jesu, die sich schwertun, diese andere Wirklichkeit, die Jesus verkörpert, darstellt und offenbart, zu erkennen. „Wer mich gesehen hat, hat den Vater gesehen“ – damit meint Jesus doch wohl, daß in seiner Person bereits etwas vom Himmel aufscheint. Das hat sogar Philippus bei seiner ersten Begegnung mit Jesus gespürt, als er aufgeregt zu Natanaël lief und ihm sagte: „Wir haben den gefunden, über den Mose im Gesetz und auch die Propheten geschrieben haben: Jesus aus Nazaret, den Sohn Josefs.“ Sicher hat auch Thomas es immer wieder gespürt, sonst wäre er Jesus wohl kaum nachgefolgt, aber er blieb ein Zweifler, d.h. jemand, der vor allem sinnliche Gewißheit und Bestätigung sucht und das Unsichtbare nicht anerkennen kann, wenn sich dieses nicht durch handgreifliche sinnliche Zeichen aufweisen läßt. Zumindest wenn es Ernst wird, kommt dieser Hang zum Durchbruch, wenn alles in Frage gestellt wird: Habe ich vielleicht auf das falsche Pferd gesetzt, dem Falschen vertraut? So denkt Thomas nach dem Kreuzestod Jesu, und es hilft ihm nicht, daß Jesus diesen Tod vorher offen angekündigt und als notwendig und sinnvoll erklärt hat. Thomas hat die Gewißheit verloren, mit seiner Nachfolge Jesu die richtige Entscheidung getroffen zu haben – und unter diesem Verlust leidet er ungeheuer. So geht es auch manchen Christen, die Jahre oder Jahrzehnte fest im Glauben standen und auf einmal zweifeln und sich nach neuem Licht sehnen, das ihnen aus dem Dunkel heraushilft.

Was tut Thomas in dieser Lage? Er sucht neue Gewißheit und merkt, daß er sie nicht durch Grübeln findet, sondern, wenn überhaupt, im Kreis seiner Freunde, in der Gemeinschaft derer, die nicht zweifeln, sondern glauben. Und dort findet er diese Gewißheit dann auch. Daß Jesus dabei seinem Wunsch nach Berührung entgegengekommen ist, ist nur ein Aspekt, auf den ich jetzt nicht weiter eingehen möchte. Entscheidend ist, daß Thomas nun versteht, daß Jesus nach Ostern einen neuen Weg geht, einen Weg, der weiter führt, nämlich zum Vater, zum Himmel, und daß es unmöglich ist, diesen Weg und das Ziel handhabbar zu machen. Auch der verklärte Leib Jesu ist kein Beweismittel für den Himmel! Die neue Existenzweise des Auferstandenen ist überirdisch und nur mit dem gläubigen Herzen zu erfassen. Deswegen ist sie aber nicht weniger wirklich, sondern im Gegenteil: die volle Wirklichkeit, der gegenüber das Sichtbare nur ein Schatten ist.

In diesem Himmel lebt Jesus nun, d.h. in der Gemeinschaft mit seinem Vater, der ihn gesandt hat. Im Himmel sein heißt aber nicht, von der Erde entfernt und getrennt sein, denn „wo zwei oder drei in seinem Namen versammelt sind, da“ ist Jesus mitten unter ihnen. Der Himmel ist eben nicht hoch da droben, überhaupt nicht im räumlichen Sinn zu verstehen. Er ist vielmehr „innen“, die Innenseite der Welt, die unseren Augen und Ohren verborgen ist. Der Himmel ist da, wo Gott ist, der alles geschaffen hat und von innen her belebt. Gott ist derjenige, in dem wir leben und sind. Er wohnt inniger in uns, als wir selbst in uns sind.

„Weißt du, wo der Himmel ist? Außen oder innen? Eine Handbreit rechts und links? Du bist mitten drinnen! ... – Einen Sprung aus dir heraus, aus dem Haus der Sorgen.“

Predigt 3. Ostersonntag 2004 - Jugendmesse

WEIẞT DU, WO DER HIMMEL IST?

ÜBER DEN HIMMEL: 2. HIMMEL IST VOLLENDETE LIEBE

Liebe Gemeinde!

Kindern fällt es leicht, zu glauben. Denn sie sind darauf angewiesen, daß ihre Eltern es gut mit ihnen meinen und ihnen die Wahrheit sagen. Dennoch wollen sie auch verstehen, und so stellen sie Fragen, vor allem solche nach dem Warum. Mit ihren Fragen bohren sie in die Tiefe und immer weiter, bis ihre Eltern schließlich in Verlegenheit kommen und manchmal sogar unwillig werden und den lästigen Frager abschütteln.

Für ihre Gedanken brauchen Kinder mehr noch als Erwachsene einfache Vorstellungsbilder, sonst bleibt ihre Suche nach Verständnis unerfüllt und enttäuscht. Doch wenn sie erwachsen werden, dann brechen viele ihrer kindlichen Vorstellungsbilder zusammen. Den Himmel haben sie ganz einfach „da oben“ gesehen – Gott Vater thronte über den Wolken und schaute gütig mit seinem langen Bart auf die Erde herunter, von Engeln umgeben, die selbstverständlich Flügel haben, damit sie schnell zwischen Himmel und Erde hin und her gelangen. Was tritt nun an die Stelle dieser Vorstellungsbilder? Für viele tritt nichts an die Stelle; es bleibt eine bloße Leere, die Worte Himmel und ewiges Leben klingen nicht mehr, sind bloße Worthülsen geworden, die man deshalb im Alltag auch nicht mehr verwendet.

Für den erwachsenen Menschen kommt ein zweites hinzu: das Leben fordert uns eine Menge ab, in vieler Hinsicht ist es stressiger als früher, auf jeden Fall ist es undurchsichtiger, komplexer und sorgenreicher. Zum anderen ist es bunter, vielgestaltiger und abwechslungsreicher, man kann gar nicht alle Angebote und Vergnügen wahrnehmen, selbst wenn man wollte und das nötige Geld hätte. Die alltäglichen Sorgen wie auch die vielen Freizeitmöglichkeiten verdrängen die Frage nach dem Sinn des irdischen Lebens und dem „Danach". Wer fragt heute schon: „Was ist der Himmel? Wo ist er?" usw.

Solche Fragen würden vielleicht nie gestellt, wenn es den Tod nicht gäbe. Aber Altern, Krankheit und Tod geben unserem Leben eine unübersehbare Grenze vor. Sobald ein lieber Mensch stirbt, bricht die Frage nach Leben und Tod neu auf. – Die Bibel antwortet in Bildern auf diese existentielle Frage. Jesus spricht von den Wohnungen im Himmel, die er vorzubereiten gedenkt, oft vergleicht er den Himmel mit einem Hochzeitsmahl, das nie aufhört. In der Lesung aus der Offenbarung des Johannes ist von einem neuen Himmel und einer neuen Erde die Rede, davon, daß die heilige Stadt Jerusalem vom Himmel herabkommt und daß Gott seine Wohnung mitten unter den Menschen aufschlägt, ja daß er die Tränen von den Augen der leidgeprüften Menschen abwischt. Die Wohnung ist das Ursymbol für Geborgenheit und Sicherheit, für Heimat und Verwurzeltsein; das Mahl ist das Symbol für Gemeinschaft und vollendete Freude.

Mit diesen biblischen Bildern wird an das irdische Leben angeknüpft. Das, was sich durchhält beim Wechsel vom irdischen in das ewige Leben, ist die Liebe. Sie verbindet Himmel und Erde. „Wo Menschen sich verschenken, die Liebe bedenken und neu beginnen, ganz neu... da berühren sich Himmel und Erde, daß Friede werde unter uns." Und ebenso: „Wo Menschen sich vergessen, die Wege verlassen (nämlich die des Egoismus und der Selbstsucht); wo sie sich verbünden und den Haß überwinden", da...

Die Liebe sprengt die Grenze der Zeit auf und läßt ahnen, was Ewigkeit ist. Die Nicht-Liebe dagegen, d.h. die Gleichgültigkeit und die Selbstsucht, macht dies Tor wieder zu. Auf die Frage, „was ist der Himmel?" könnte man darum die Antwort geben: vollendete Liebe. Wo die Freiheit mißbraucht wird, da werden Grenzen und Mauern zwischen den Menschen aufgebaut, da entsteht Trennung und Isolierung, die in letzter Vereinsamung endet. Wo aber die Freiheit für die Liebe eingesetzt wird, da können sich diejenigen, die lieben, verbinden und verbünden, da entsteht eine vollkommene Gemeinschaft, die nicht einmal mehr durch Raum und Zeit getrennt wird – das ist der Himmel.

Wir spüren, wenn wir diesen Gedanken verstehen, aber sofort, daß es diesen Himmel hier nicht gibt und nicht geben kann, denn weder gibt es vollkommene Liebe und Gemeinschaft, noch hat je ein Mensch erfahren, daß Raum und Zeit ihre trennende Wirkung verloren haben. Nur Gott kann diese Vollendung bewirken. Hieraus kann man übrigens auch einen Grund gewinnen, warum es den Tod gibt, warum der Tod auch eine Gnade ist; denn ein unbegrenztes Leben auf dieser Erde wäre auf die Dauer unerträglich angesichts der allseits fehlenden Liebe.

Wo die Liebe vollendet ist – ohne Störung –, da ist der Himmel. Der Himmel fängt freilich hier auf der Erde schon an, denn Himmel und Erde können sich berühren, wie wir gerade hörten. Er fängt hier an bzw. er scheint hier auf. Überall wo Menschen die Liebe erfahren und sie leben, da kommt bereits die Seligkeit des Himmels zum Vorschein, und je reiner und inniger die Liebe ist, um so größer auch das Glück und die Freude. So schreibt Franz von Sales einmal: „Herr Gott, wer vermag zu sagen, welche Freude im Himmel sein wird, da man einander im vollen Meer der Liebe lieben wird, wenn schon deren Bächlein so viel Freude bringen!"

Obwohl wir die Liebe auf der Erde erfahren können und sie somit eine echte Brücke liefert, um in das Jenseits des Himmel hinüber denken zu können, bedarf es auch des Glaubens, um den Himmel als real anzusehen. Wir müssen auf Jesu Wort und sein Lebenszeugnis vertrauen, so wie die Kinder auf das Wort und Zeugnis ihrer Eltern vertrauen müssen. Jesu Liebe war stärker als der Tod. Ja, in seiner Liebe ist uns der Himmel begegnet und wurde der Himmel für uns ein für alle mal geöffnet: das feiern wir in jeder Eucharistie. Und in diesem Sinn ist das einladende Wort zu verstehen: „Selig die zum Hochzeitsmahl des Lammes geladen sind!"

Predigt 6. Ostersonntag 2004 - PATRONATSFEST

ÜBER DEN HIMMEL: 3. DER GLAUBE AN DEN HIMMEL MACHT MUT

Liebe Gemeinde!

Der heilige Pankratius hat im jugendlichen Alter seinen Glauben mit dem eigenen Blut bezeugt. Unter Kaiser Diokletian entschied er sich dafür, lieber enthauptet zu werden als seinen Glauben zu verleugnen. Er vertraute auf das Wort des Apostels Paulus: „Ich bin überzeugt, daß die Leiden der gegenwärtigen Zeit nichts bedeuten im Vergleich zu der Herrlichkeit, die an uns offenbar werden soll.“ (Röm 8,18) Wie wenig dieser Satz mit einer Floskel gemein hat, können wir ermessen, wenn wir vergleichbare zeitgenössische Berichte zu Rate ziehen. Hören wir die Geschichte einer Frau aus einem nordkoreanischen Gefangenenlager, die durch das Zeugnis der Martyrer später selbst Christin wurde:

„Ich sah, wie acht christliche Gefangene einen großen Metallkessel mit geschmolzenem Eisen trugen. Ein Wachoffizier schrie sie an und benutzte dabei sehr gemeine Worte. »Morgen ist der Tag des Gedankenreinigens. Morgen geht ihr raus und sagt allen, daß es keinen Himmel gibt, an den man glauben kann – daß es keinen Gott gibt. Sonst müßt ihr sterben, versteht ihr?« Es herrschte Schweigen. Keiner der Gefangenen antwortete dem Offizier. Der wurde wütend und begann, die Männer zu verfluchen. Er schrie: »Alle acht, kommt hierher und legt eure Gesichter auf den Boden!« Sie taten, wie er befohlen hatte. Sie knieten nieder und beugten ihre Köpfe. Der Offizier rief andere männliche Gefangene herbei: »Bringt kochendes Eisen aus dem Ofen und gießt es über sie!« - Die verängstigten Gefangenen liefen und holten einen Kessel geschmolzenes Eisen. Dann gossen sie die glühende Masse auf die still knienden Männer Gottes. Plötzlich drang mir der Geruch brennenden Fleisches in die Nase. Die Körper fingen von der großen Hitze zu schrumpfen an, als das flüssige Metall sich durch das Fleisch brannte. Ich fiel zu Boden und wurde fast ohnmächtig vor Entsetzen. Die Wirkung auf mich war so gewaltig, daß ich schrie, als sei ich verrückt. Auch andere Gefangene im Lager schrieen vor Entsetzen, als die acht Christen starben. – Ich sah ihre eingeschrumpften Körper und dachte in meinem Herzen: »Was glauben sie? Was sehen sie im leeren Himmel? Was kann ihnen wichtiger sein als ihr Leben?« In den Jahren, als ich im Gefängnis war, sah ich viele Gläubige sterben. Aber niemals, niemals verleugneten sie den Gott im Himmel. Sie hätten nur zu sagen brauchen, daß sie nicht an die Religion glauben, und sie wären freigelassen worden. Ich verstand nicht, was ihnen die Angst vor dem Tode nahem. Ihr unglaublicher Glaube ließ eine große Frage in meinem Herzen aufkommen: »Was sahen sie, das mir fehlte?«

Liebe Gemeinde! Die berichtete Begebenheit ist so schrecklich, daß ich lange gezögert habe, ob ich sie Ihnen überhaupt zumuten kann. Aber die Frage, die sie auslöst, ist mir so wichtig – zum einen, um unserem Pfarrpatron Pankratius näherzukommen, und zum anderen für meine Predigtreihe über den Himmel: »Was glauben sie? Was sehen sie im leeren Himmel? Was kann ihnen wichtiger sein als ihr Leben?« Paulus hat damals die Herrlichkeit des Himmels vorweggenommen, um die Leiden der gegenwärtigern Zeit besser ertragen zu können und ausgerufen: „Ich bin gewiß: Weder Tod noch Leben, weder Engel noch Mächte, weder Gegenwärtiges noch Zukünftiges, weder Gewalten der Höhe oder Tiefe noch irgendeine andere Kreatur können uns scheiden von der Liebe Gottes, die in Christus Jesus ist, unserem Herrn.“ (Röm 8,38f)

Ich stelle darum die heutige Predigt unter die Überschrift: „Der Glaube an den Himmel macht Mut.“ Ich meine nicht zuerst und allein den überragenden Mut zum Martyrium – davor graut mir genau wie Ihnen wahrscheinlich auch; nur eine besondere Gnade Gottes kann die Kraft dazu geben, so etwas zu ertragen – ich meine auch den Mut und die Kraft, gegen den Strom zuschwimmen, gegen die Neigung zur Bequemlichkeit anzukämpfen und die Verantwortung für das eigene Leben und für die anvertrauten Menschen anzunehmen. Daß dies nicht selbstverständlich ist, sehen wir an der wachsenden Zahl derjenigen, die mit ihrem Leben nichts Rechtes anzufangen wissen, die – oft nach einer heißen Phase rauschhafter Gier nach Erlebnissen – eine deprimierende Leere empfinden und ihr Leben am liebsten wegwerfen würden. Die Psychologen sprechen inzwischen schon von einer Quaterlife Crisis, d.h. von einer Krise, die bereits die Mitzwanziger trifft – zum Ende des ersten Lebensviertels, nicht erst zur Lebensmitte.

Wer von Herzen sagen kann: „Wir sind nur Gast auf Erden und wandern ohne Ruh mit mancherlei Beschwerden der ewigen Heimat zu“, der hat es leichter, die Enttäuschungen des Lebens wegzustecken, weil er weiß: Das Eigentliche kommt noch! Um in diesem Leben Verantwortung übernehmen zu können, braucht es nicht nur seelische Kraft, sondern vor allem auch die Aussicht, daß es sich lohnt. Und es muß sich lohnen nicht nur auf kurze Sicht, denn die wird schnell eingeholt von den zahlreichen Rückschlägen, die das Leben bietet; es muß sich lohnen auf lange Sicht, d.h. im endgültigen Maßstab.

Der Apostel Paulus weist darauf hin, wie Menschen empfinden, die den Glauben an ein ewiges Leben im Himmel nicht teilen: „Wenn Tote nicht auferweckt werden, dann laßt uns essen und trinken; denn morgen sind wir tot.“ Und er mahnt: „Laßt euch nicht irreführen! Schlechter Umgang verdirbt gute Sitten. Werdet nüchtern, wie es sich gehört, und sündigt nicht! Einige Leute wissen nichts von Gott; ich sage das, damit ihr euch schämt.“ (1 Kor 15,32-34)

Predigt zu Christi Himmelfahrt – 19. Mai 2004 - St. Pankratius

ÜBER DEN HIMMEL: 4. VORGESCHMACK AUF DEN HIMMEL

Liebe Gemeinde!

Das Fest Christi Himmelfahrt wird in unserer Gemeinde von der Feier der Erstkommunion ein wenig in den Hintergrund gedrängt. Morgen sehen wir vor allem die Kinder in ihren Festgewändern, viele gehen zum Nachbarn, um dort zu gratulieren. Aber auch diejenigen, die nicht unmittelbar mit der Erstkommunion zu tun haben, werden in der Mehrzahl den morgigen Tag als freien Tag genießen, manche begehen ihn als Vatertag. An diesem Tag können wir etwas unternehmen, etwas erleben; wir gehören uns selbst. Das ist auch schön – aber wir sollten dabei die Bedeutung dieses hohen Festes nicht aus den Augen verlieren!

Das Fest Christi Himmelfahrt legt uns die Frage nahe: „Worauf blicken wir, was haben wir im Blickfeld? Woran halten wir uns, was hält uns in Krisenzeiten?“ Religion heißt zu Deutsch Rückbindung, nämlich Rückbindung des Menschen an Gott. Wer religiös ist, der weiß sich von Gott gehalten und getragen, der schaut nicht nur in die Horizontale, hin zum anderen Menschen und zu den Dingen dieser Welt, sondern der schaut auch nach oben, zu Gott, dem Herrn und Schöpfer aller Dinge. Der erwartet Heil und Frieden nicht zuerst von endlichen Gestalten, sondern vom Unendlichen Gott. Der weiß sich nicht allein gelassen im Daseinskampf, der weiß sich getragen von dem, der den Tod überwunden hat und nun eingetreten ist in das Reich des Vaters und doch bei uns bleibt und uns inmitten von Leid und Tod einen Vorgeschmack der Herrlichkeit des Himmels schenkt.

Wie aber erfahren wir diesen tröstenden Vorgeschmack? Achten wir auf das heutige Gabengebet, in dem es heißt: „Allmächtiger Gott, gib uns durch diese heilige Feier die Gnade, dass wir uns über das Irdische erheben, indem wir es zu dir erheben, auf dass du all unser Denken und Tun segnest und so selbst vollendest, was wir in Schwachheit beginnen."

„Erhebet die Herzen! – Wir haben sie beim Herrn." Dieser Dialog soll nicht ein bloßes Wortgeplänkel sein, sondern die Tiefenschicht unserer Wirklichkeit zum Ausdruck bringen. Indem wir die irdischen Gaben von Brot und Wein zu Gott erheben, erheben wir uns selbst, unsere Herzen, über das Irdische und tauchen ein in das Himmlische. Wir fahren so gleichsam mit Christus zum Himmel auf und erfahren den Segen Gottes über uns, in uns und um uns herum. Auch wenn wir nur in Schwachheit beginnen können, so wird Gott doch unsere Bewegung zu ihm vollenden. Und dann kehrt sich die Bewegung um, und Gott steigt herab auf den Altar, wandelt die Gaben in den Leib und das Blut Jesu Christi und mit diesen Gaben uns selbst. Alles was dazu nötig ist, ist die schwache Erhebung unserer Herzen, das Eingehen in die Hingabebewegung Jesu zum Vater.

Die Erhebung unserer Herzen zu Gott gipfelt im Geschenk der Kommunion. Kommunion heißt Gemeinschaft bzw. Vereinigung: Gemeinschaft mit Gott durch Christus und miteinander - alle, die wir an der Kommunion Anteil nehmen. Die Sehnsucht der Liebe kommt erst ans Ziel, wenn sie sich mit dem Geliebten vereint, verbindet und EINS wird. Dies geschieht auf wunderbare Weise, wenn Jesus in der Eucharistie unsere Speise wird: *„Wer mein Fleisch isst und mein Blut trinkt, der bleibt in mir und ich bleibe in ihm."* In der Messe sind wir nicht nur geistig mit Jesus verbunden, indem wir an ihn denken und unser Herz zu ihm erheben, sondern Jesus kommt mit Leib und Seele in unseren Leib und in unsere Seele. In einem Gebet für Kinder heißt es deshalb sehr treffend: „Du mein Jesus bist mein Freund, ganz bin ich in dir vereint, du in mir, herzlich dank' ich dir dafür."

Weil dies so ist, darum ruft der Priester vor der Kommunion aus: „Selig, die zum Hochzeitsmahl des Lammes geladen sind!" Dieses Hochzeitsmahl findet im Himmel statt, aber auch hier auf der Erde – in jeder Messe. Himmel und Erde berühren sich, sind ungetrennt in der seligen Hochzeitsfeier, also der Feier, die das Glück der endgültigen Vereinigung von Gott und Mensch genießt. „Wie der Bräutigam sich freut über die Braut, so freut sich dein Gott über dich." (Jes 62,5) Es ist Gottes Freude, unter den Menschen zu sein, denn Gott hat Sehnsucht nach Wesen, die gemeinsam mit ihm lieben, d.h. nach uns Menschen. Und so sind wir geschaffen, daß unsere höchste Freude darin besteht, diesen Gott, der die Liebe selbst ist, zu lieben und seine Gemeinschaft zu genießen. „Selig, die zum Hochzeitsmahl des Lammes geladen sind!" Selig, die die Messe als Vorgeschmack auf die ewige Seligkeit erleben.

Predigt am 7. Ostersonntag 2004 – 23. Mai 2004 - St. Pankratius

ÜBER DEN HIMMEL: 5. DIE HERRLICHKEIT DES HIMMELS

Liebe Gemeinde!

Im Hohepriesterlichen Gebet spricht Jesus heute von der Herrlichkeit des ewigen Lebens, die Jesus den Seinen geben will. Er betet: „*Vater, ich will, daß alle, die du mir gegeben hast, dort bei mir sind, wo ich bin. Sie sollen meine Herrlichkeit sehen, die du mir gegeben hast, weil du mich schon geliebt hast vor der Erschaffung der Welt.*" (Joh 17,24)

In diesen Versen führt Jesus nicht näher aus, worin die Herrlichkeit des Himmels konkret besteht; immerhin spricht er aus eigener Erfahrung von dieser Herrlichkeit als derjenigen, die ihm der Vater schon gegeben hat und in die er nach seinem Tod zurückkehrt. Diese Herrlichkeit Gottes leuchtete auf seinem Antlitz (2 Kor 4,6), und sie erleuchtet alle, „die ihn aufnahmen", und gibt ihnen „Macht, Kinder Gottes zu werden." (Joh 1,11) Darum schreibt Johannes: „*Seht, wie groß die Liebe ist, die der Vater uns geschenkt hat: Wir heißen Kinder Gottes, und wir sind es. ... Liebe Brüder, jetzt sind wir Kinder Gottes. Aber was wir sein werden, ist noch nicht offenbar geworden. Wir wissen, daß wir ihm ähnlich sein werden, wenn er offenbar wird; denn wir werden ihn sehen, wie er ist.*" (1 Joh 3,2) Die Herrlichkeit des Himmels besteht darin, daß der Glaube in Schau übergeht (vgl. 2 Kor 5,7); „*jetzt schauen wir in einen Spiegel und sehen nur rätselhafte Umrisse, dann aber schauen wir von Angesicht zu Angesicht.*" (1 Kor 13,12)

Gott von Angesicht zu Angesicht schauen zu dürfen – das ist die Quintessenz der himmlischen Herrlichkeit. Darauf freuen sich trotz allem Leiden die Gläubigen, auch die, die Jesus Christus in ihrem Leben nie gesehen haben. An diese – und damit auch an uns – wendet sich der 1. Petrusbrief: „*Deshalb seid ihr voll Freude, obwohl ihr jetzt vielleicht kurze Zeit unter mancherlei Prüfungen leiden müßt. Dadurch soll sich euer Glaube bewähren, und es wird sich zeigen, daß er wertvoller ist als Gold, das im Feuer geprüft wurde und doch vergänglich ist. So wird eurem Glauben Lob, Herrlichkeit und Ehre zuteil bei der Offenbarung Jesu Christi. Ihn habt ihr nicht gesehen, und dennoch liebt ihr ihn; ihr seht ihn auch jetzt nicht; aber ihr glaubt an ihn und jubelt in unsagbarer, von himmlischer Herrlichkeit verklärter Freude, da ihr das Ziel des Glaubens erreichen werdet: euer Heil.*“ (1 Petr 1,6-9)

Warum liegt aber in der Anschauung Gottes der Inbegriff des himmlischen Glücks? Das können wir verstehen, wenn wir darüber nachdenken, was uns denn hier auf Erden das Glück immer wieder durchkreuzt und zerstört. Wir werden dafür mindestens zwei Ursachen ausmachen können: zum einen die Vergänglichkeit und zum anderen die Unvollkommenheit bzw. die Schuld. Beides hängt nach dem Zeugnis der Bibel miteinander zusammen, die Sünde ist Grund für den Fluch des Todes. (Vgl. Röm 6,23) Welches irdische Glück wir auch immer als Beispiel nehmen – wir können es nicht festhalten, es vergeht, zerrinnt und weicht einem Zustand des Entbehrens und Vermissens. Das Leben hat zwar unsagbar schöne Seiten, aber es scheint ein grausames Spiel mit uns zu spielen, indem es uns immer wieder wegnimmt, was es uns zuvor zu unserem Entzücken gegeben hat. Darum kann der Apostel Paulus von der ganzen Schöpfung, auch der nichtmenschlichen, sagen, daß sie sehnsüchtig auf die Erlösung wartet (Röm 8,18): „*Die Schöpfung ist der Vergänglichkeit unterworfen, nicht aus eigenem Willen, sondern durch den, der sie unterworfen hat; aber zugleich gab er ihr Hoffnung: Auch die Schöpfung soll von der Sklaverei und Verlorenheit befreit werden zur Freiheit und Herrlichkeit der Kinder Gottes. Denn wir wissen, daß die gesamte Schöpfung bis zum heutigen Tag seufzt und in Geburtswehen liegt.*“ (Röm 8,19-22)

Die Schöpfung wartet mit uns auf die Vollendung unserer Gotteskindschaft, also auf die Befreiung von Schuld und Vergänglichkeit. Dies geschieht in der Anschauung Gottes, denn Gott allein ist ewig und unvergänglich, und in ihm ist kein Makel, keine Unvollkommenheit, nichts Böses, keine Möglichkeit des Verlierens. Im Bewußtsein der absoluten Vollkommenheit und Herrlichkeit Gottes sagt die heilige Theresia von Avila in einem berühmten Gebet:

> Nichts soll dich ängstigen, nichts dich erschrecken. Alles geht vorüber. Gott allein bleibt derselbe. Alles erreicht der Geduldige, und wer Gott hat, der hat alles. Gott allein genügt.

Wer Gott hat, der hat alles! Der kann auch nicht mehr verlieren, was er hat, der hat in ewigem Besitz. Freilich – „*kein Auge hat gesehen und kein Ohr hat gehört, keinem Menschen ist in den Sinn gekommen: das Große, das Gott denen bereitet hat, die ihn lieben.*“ (1 Kor 2,9) Der Himmel ist auf jeden Fall viel schöner und herrlicher, als wir uns vorstellen können. Wir können uns dies nicht oft genug gesagt sein lassen, denn allein die Hoffnung auf die ewige Vollendung hält von uns die Traurigkeit dieser Zeit, den Lebensüberdruß und die Verzweiflung auf Dauer fern. Die letzten Verse der Bibel sprechen von dieser Sehnsucht und ihrer Erfüllung: „*Wer durstig ist, der komme. Wer will, empfange umsonst das Wasser des Lebens. Er, der dies bezeugt* [nämlich Jesus], *spricht: Ja, ich komme bald. Amen.*“ (Offb 22,19f)

Fünf Predigten über Matthäus

Predigt am 11. So. (A) – 12. 6. 2005 – Mt 9,36-10,8 – St. Pankratius

Liebe Gemeinde!

„*Die Ernte ist groß, aber es gibt nur wenig Arbeiter.*“ – Ein vertrautes Wort! Wem fällt da nicht der Priestermangel ein? Und der Mangel ist gleich doppelt: Die Zahl der Priester ist zu klein im Vergleich zu der Zahl der Menschen. Und jeder Priester muß sein eigenes Tun als mangelhaft empfinden. Warum? Weil er unmöglich das leisten kann, was er sich als Ergebnis seines Einsatzes wünscht. Es ist wie ein Tropfen auf den heißen Stein, wenn ich einen Hausbesuch mache, um z.B. ein Taufgespräch zu führen. Was kann ich da schon ausrichten? Werden meine Worte etwas bewirken, wird ein Funke überspringen?

„*Als Jesus die vielen Menschen sah, hatte er Mitleid mit ihnen*“, heißt es im Evangelium. Mitleid und Erbarmen bewegen ihn, keineswegs Kleinmut! Für kleinmütiges Jammern ist im Reiche Gottes kein Platz, keine Zeit und kein Grund. Wer in Jesu Fußstapfen tritt, soll wie er von Mitleid und Erbarmen erfüllt sein – sonst bleiben seine Worte und Taten hohl. Aber hier beginnt schon die Schwierigkeit: Die Massenmenschen halten ihr Leben gar nicht für erbarmungswürdig, und sie schleudern dem Priester oder auch dem engagierten Christen ihre offene Verachtung entgegen oder verdächtigen ihn sogar, Schlechtes im Sinn zu haben. Wer so geschmäht wird, kommt in Versuchung, nun seinerseits in bittere Verachtung zu fallen. Er geht den Leuten aus dem Weg und beschäftigt sich nur noch mit dem kleinen Kreis von Leuten, die ihm selbst Anerkennung entgegenbringen. Diese Versuchung ist zumal in unserer deutschen Kirche sehr groß, und es gibt nur sehr wenige, die ihr nicht oder nur selten erliegen. Von daher könnte man beinahe sagen, die Krise unserer Kirche liege daran, daß kein Mitleid mehr empfunden wird, nur noch Selbstmitleid. Und es ist ja auch wirklich schwer, Mitleid zu haben mit Leuten, die mit Glaube und Kirche nichts oder nur ganz am Rande zu tun haben wollen.

Um Mitleid zu empfinden, muß mir erst einmal klar sein, was den Menschen fehlt, was sie so erbarmenswürdig macht. Im Evangelium heißt es: „*Sie waren müde und erschöpft wie Schafe, die keinen Hirten haben.*“ Jesus erbarmt sich angesichts der geistigen Orientierungslosigkeit der Massen. Wenn er heute käme, wäre sein Mitleid vermutlich noch viel größer; ein Blick ins Fernsehen würde ihm die unglaubliche Seichtheit und Geistlosigkeit des modernen Lebens zur Genüge vor Augen führen. Da wird der Mensch entwertet zum bloßen Konsumenten von überflüssigen Waren, an denen andere verdienen. Diejenigen, die Hirten sein könnten und sollten, tun wenig oder gar nichts für die große Masse, sie weiden vorwiegend sich selbst und beruhigen das Volk mit Brot und Spielen, genauer noch: mit immer weniger Brot und immer mehr Spielen.

Um Mitleid zu empfinden, müssen wir uns umgekehrt bewußt machen, was uns durch den Glauben und die Gemeinschaft der Kirche geschenkt ist, welchen unschätzbaren Wert unser Glaube für unser Leben hat. Und so zu empfinden, ist ja nicht selbstverständlich. Im Gegenteil: Wie oft leitet uns die dumpfe Empfindung, unser Christsein sei etwas Beschwerliches, es lege uns Lasten auf und mache unser Gewissen eng, es nehme uns Freiheiten und verlange auch noch Opfer, Zeit und Geld. Da richtet sich das Mitleid gern gegen uns selbst, und es kann sogar heimlicher Neid aufsteigen gegen diejenigen, die all das abgeworfen haben. Fehlt ihnen denn überhaupt etwas? Die Frage bohrt und nagt an unserer Glaubensfreude. – Da wird es Zeit, daß wir wieder einmal bedenken, daß wir ohne Gott keinen Halt haben, keine Orientierung und keinen Sinn. Wer kann uns denn die Anerkennung geben, die wir ersehnen, die Zustimmung zu unserer Existenz, ohne die wir des Lebens überdrüssig werden? Wer sagt denn bedingungslos JA zu uns – wenn nicht der liebende Gott, der uns seit Ewigkeit auf den Plan gerufen und zu ewigem Leben berufen hat? Kein Mensch kann uns die Anerkennung geben, die wir brauchen, nicht einmal der Ehepartner. Mit keinem Geld der Welt können wir sie kaufen und mit keiner Leistung verdienen. Und wer kann unseren Durst nach Leben vollends stillen, uns ewiges Leben in Frieden und Freude garantieren?

Diese Fragen können unseren verirrten Blick wieder gerade richten. Nein! Diejenigen, denen Glaube und Kirche nichts sagt, sind wirklich nicht zu beneiden, sondern zu bemitleiden! Wenn es uns gelingt, den unvergleichlichen Wert der Frohen Botschaft wiederzuentdecken, dann verstehen wir das Wort Jesu erst richtig: „*Die Ernte ist groß, aber es gibt nur wenig Arbeiter.*“ Dann beziehen wir es nicht zuerst auf unsere eigenen Bedürfnisse nach einem Pastor, der wie in alten Zeiten überall dabei ist und für alle ein gutes Wort der Anerkennung findet. – Das war gewiß etwas Gutes – aber war es das, worum es Jesus geht? Die Frage entscheidet sich daran, ob man den Fernstehenden und Nichtgläubigen wirklich und ernsthaft wünscht, zum Glauben und dadurch Freude zu finden. Wünsche ich den 180 Schulkindern unserer Grundschule diesen froh machenden, lebendigen Glauben? Und wünsche ich diesen Glauben den Jugendlichen, den frisch Verheirateten, den Berufstätigen, den Alten und Kranken?

Sobald dieser starke Wunsch in mir ist, werde ich mich selbst angesprochen fühlen von Jesu Auftrag: „*Geht und verkündet: Das Himmelreich ist nahe.*" Ich werde diese Aufgabe nicht einfach an andere abschieben, an Kindergarten, Schule und die sogenannten Hauptamtlichen. Denn Jesus sagt: „*Umsonst habt ihr empfangen, umsonst sollt ihr geben.*" Umsonst geben heißt unbezahlt. So wie eine Mutter sich um ihre Kinder und um den Haushalt sorgt, ohne dafür Geld zu bekommen. Den Lohn ihrer Mühen empfängt sie vor allem von ihren Kindern selbst, wenn sie sieht, was aus ihnen geworden ist. So ist es mit allen, die sich um die Seele ihrer Mitmenschen sorgen. Diese Arbeit ist nicht in Geld aufzuwiegen. Wer darum meint, die Seelsorge sei nur von denen zu leisten, die dafür Geld bekommen, hat nichts verstanden. Das gilt übrigens auch für diejenigen, die für ihren Dienst besoldet werden, besser gesagt: denen die Kirche den Lebensunterhalt sichert, damit sie mehr freie Zeit haben, in der sie umsonst geben können. So etwa, wie wenn eine Mutter das Glück hat, nicht arbeiten zu müssen, damit sie sich ganz ihren Kindern widmen kann.

Bitten wir „den Herrn der Ernte, Arbeiter für seine Ernte auszusenden" – damit dieser Dienst, der nur umsonst geleistet werden kann, nicht verschwindet.

Predigt zu Mt 10,26-33 - 12. Sonntag i. J. (A) - 19. 6. 2005

Liebe Gemeinde!

Am letzten Sonntag habe ich die Predigt mit Überlegungen zur Frage beendet, was ein Arbeiter im Weinberg des Herrn ist, aus welchem Motiv die Frohe Botschaft weiterzugeben ist und warum dies umsonst geschehen muß. Heute hören wir ein Wort, das damit gut zusammenstimmt: „*Wer sich vor den Menschen zu mir bekennt, zu dem werde auch ich mich vor meinem Vater im Himmel bekennen.*" Sich vor den Menschen zu Jesus bekennen – das bedeutet, den Glauben nicht nur privat, sondern öffentlich zu praktizieren. In Wort und in Tat.

Doch dagegen steht die Menschenfurcht. Sie ist viel größer, als wir glauben. Die Angst davor, was die anderen wohl denken könnten, sitzt ganz tief in uns. Sie bestimmt selbst junge Eheleute, die es von Kindesbeinen an gewohnt waren, bei Tisch zu beten, aber nun, wo sie miteinander zusammenleben, damit aufhören, weil sie sich schämen. Bei Brautgesprächen und Taufbesuchen spreche ich das immer an. Und fast ausnahmslos stimmen mir die jungen Leute zu und sind ganz überrascht über ihre eigen Verhalten.

Das ist natürlich nur ein Beispiel, aber es zeigt unsere Lage. Wieviel schwieriger ist im Vergleich das Bekenntnis am Arbeitsplatz, auf der Straße, im Gasthof usw.?! Ich erinnere mich noch daran, wie mir die Knie gezittert haben, als ich mich im Sommer 1981 in Münster zum Theologiestudium eingeschrieben habe. Hoffentlich sieht keiner, was ich studieren will! Angst, die mir den Schweiß auf die Stirn trieb.

Was hilft uns, diese Angst zu überwinden? Zuerst das heutige Wort Jesu: „*Wer sich vor den Menschen zu mir bekennt, zu dem werde auch ich mich vor meinem Vater im Himmel bekennen.*" Die Verheißung ist großartig: Für das kleine bißchen Mut, das mir abverlangt wird, will Jesus in der Ewigkeit für mich eintreten. Und dann erwachen andere stärkende Gedanken: Was können mir die Menschen schon großartig schaden? Welche Feigheit, vor einem Menschen einzuknicken! Jesus drückt es so aus: „*Fürchtet euch nicht vor denen, die den Leib töten, die Seele aber nicht töten können.*" Die Macht der Menschen ist beschränkt. Das, was unseren eigentlichen Wert ausmacht, das himmlische Leben, und unsere Seele, kann durch keine Macht des Menschen zerstört werden. Wer an den allmächtigen Gott glaubt, der weiß, daß das irdische Leben nichts ist im Vergleich zum ewigen Leben, der hängt darum nicht verzweifelt am leiblichen Leben, sondern vertraut auf seinen Schöpfer, der ihm auch das ewige Leben schenken kann.

Das andere Wort Jesu ist schwerer zu verstehen: „*Nichts ist verhüllt, was nicht offenbar wird.*" Jesus bezieht sich auf die Unscheinbarkeit und Schwachheit seiner Position in der Öffentlichkeit. Seine Lehre ist nur ein kleines Senfkorn, das wenig Aussicht zu haben scheint, sich gegen die mächtigen Gegenstimmen durchzusetzen. Und doch weiß er, daß dieses Senfkorn herrlich wachsen wird; die Frohe Botschaft wird sieghaft aufstrahlen wir die Sonne am Morgen. – So können auch wir Christen manchmal mutlos werden, wenn wir von einer Überzahl von Spöttern umgeben sind. Aber dann dürfen wir darauf vertrauen, daß wir von einem Stärkeren getragen werden.

Unser Gott ist uns nicht fern – das macht Jesus in einer dritten Überlegung klar: „*Bei euch sind sogar alle Haare auf dem Kopf gezählt.*" Ein beeindruckendes Beispiel! Die Zahl unserer Haare ist wahrhaftig nichts

Wichtiges, noch viel unbedeutender als das Leben der unzähligen Spatzen. Und doch fällt kein Spatz auf die Erde, ohne daß Gott dies weiß und zuläßt, und kein Haar wird uns herausgerissen, ohne daß Gott es merkt. Um jede kleine Einzelheit unseres Lebens ist Gott liebevoll besorgt, und darum gibt es wirklich keinen Grund, vor Menschen Angst zu haben, die uns doch nichts tun können, ohne daß Gott es mitbekommt.

Machen wir unsere Seele in Gott wieder fest oder noch fester als bisher. Je mehr wir auf Gott vertrauen, um so weniger werden wir von der Angst bedroht sein. Gott allein ist es, der uns auch in unserer inneren Einsamkeit, in der Erfahrung der eigenen Ohnmacht und Hilflosigkeit, Halt geben kann. Denn er ruft uns zu – heute und jeden Tag: „*Fürchtet euch nicht*!“

Predigt zu Mt 10,37-42 – 13. Sonntag i. J. – 26. 6. 2005

Liebe Gemeinde!

Die meisten von Ihnen haben junge Leute in der Verwandtschaft, Kinder, Enkel, Urenkel, Neffen, Nichten usw. Ich nehme an, Sie haben sie gern, Sie lieben sie. Also wünschen Sie ihnen Gutes. Wenn Sie aber einmal genauer darüber nachdenken, was Sie Ihrem Kind oder Enkel wünschen und was Sie ihm unter keinen Umständen wünschen – was kommt Ihnen da in den Sinn?

Vermutlich fallen Ihnen u.a. folgende Dinge ein: ein gutes Leben, Gesundheit, viele Freunde, Erfolg in der Schule und im Beruf, daß sie glücklich sind, wohlhabend, angesehen… Auf keinen Fall aber sollen sie leiden und unglücklich sein!

Daß Sie vermutlich solche Wünsche hegen, ist ein Zeichen für Ihr Wohlwollen Ihren Lieben gegenüber. Wenn es anders wäre, liefe etwas falsch. Aber nun die nächste Frage: Wie sieht es aus mit der charakterlichen Entwicklung der jungen Leute? Steht sie auch im Horizont Ihres innigen Wünschens? Und wenn ja, wie verhält sich der Wunsch, dem Leid zu entgehen, mit dem Wunsch, charakterfest zu sein? – Gilt da der Spruch: „Hauptsache glücklich“, so wie es oft ähnlich heißt: „Hauptsache gesund!“? Was wünschen Sie Ihrem Kind oder Enkel, wenn es vor der Wahl steht, entweder einen krummen Weg einzuschlagen oder Einbußen an körperlicher oder seelischer Unversehrtheit hinzunehmen?

Ich nehme an, Sie würden am liebsten antworten: daß sie gar nicht erst in eine solche Lage kommen mögen! Aber das ist unmöglich. Jeder Mensch kommt immer wieder unweigerlich in die Lage, wählen zu müssen zwischen dem, was an sich gut ist, und dem, was nur für ihn gut, angenehm oder nützlich ist. Wählt er das erste, kann er das Leid nicht vermeiden. Verhalten sich Menschen nicht oft deshalb moralisch unzulänglich, weil sie Angst vor Unbill oder Leid haben - dem eigenen Leid oder dem eines anderen, den sie davor bewahrt wissen möchten? Darum wird gelogen, gemogelt, geschmeichelt, feige geschwiegen, gegeizt, die Mithilfe und Solidarität verweigert.

Wenn Sie einen Menschen wirklich lieben, können Ihnen dann solche Schwächen und solches Fehlverhalten gleichgültig sein – Hauptsache er ist glücklich? Oder werden Sie dann nicht vielmehr unablässig wünschen, daß diese Makel verschwinden? Gehört es nicht zur echten Liebe einem Menschen gegenüber, daß wir ihm gerade auch einen guten und festen Charakter wünschen – noch viel mehr als ein unbeschwertes Leben? Könnten wir es ertragen, wenn die Menschen, die wir am meisten lieben, zwar glücklich wären, aber auf eine Weise, die sie uns verächtlich macht und entfremdet – als Ehebrecher, Erpresser, Betrüger, Ausbeuter usw.?

Wenn Sie mir bis hierhin zustimmen können, dann dürfte es Ihnen auch gelingen, dem harten Satz aus dem heutigen Evangelium einen guten Sinn abzugewinnen: „*Wer Vater oder Mutter, wer Sohn oder Tochter mehr liebt als mich, ist meiner nicht würdig*". Was kann es heißen, einen Menschen mehr zu lieben als Jesus? Der naheliegendste Sinn ist: von größerer Sympathie und Herzensneigung erfüllt sein. Ich glaube nicht, daß Jesus eine solche Forderung aufstellen wollte. Zunächst einmal müßte klar sein, daß er seine Person hier ins Spiel bringt, insofern er Gott ist und göttliche Würde besitzt. Es geht um die Hoheit Gottes, die alles Geschöpfliche übertrifft. Nur Gott verdient eine uneingeschränkte, bedingungslose Liebe. Alles, was nicht Gott ist, soll mit einer Liebe geliebt werden, die von Gott ausgeht, von Gott Maß bezieht und zu ihm hinführt. Das Maß, das Gott setzt, ist das moralisch Gute, die Reinheit des Herzens oder wie immer wir es nennen wollen. Wir sollen einen Menschen so lieben, daß er diesem Maß entspricht, ihm wünschen, daß er sich diesem Maß immer mehr annähert. Dann lieben wir ihn in rechter Weise und eben nicht maßlos.

Das ist zumindest eine Weise, das heutige Wort zu verstehen. In diesem Sinn erfüllen wir die Forderung bereits, wenn wir unsere Familienmitglieder eben wahrhaft lieben, wenn wir sie nicht verzärtelt und verwöhnt, verlottert und verkommen wünschen, sondern ihnen zuallererst wünschen, daß sie sich an Gottes heiligem Willen orientieren.

Damit sind wir schon bei dem zweiten Wort, das anscheinend mindestens ebenso hart ist wie das erste: „*Wer das Leben gewinnen will, wird es verlieren; wer aber das Leben um meinetwillen verliert, wird es gewinnen.*“ Das heißt: Wer nur sich selber sucht, der ist auf dem Weg des Todes, ja auf dem Weg in den ewigen Tod. Unser Leben hier auf der Erde ist kein Spiel. Wir üben uns ein in die Haltung der Liebe, oder wir verlieren uns im Egoismus. Der Egoismus hat keine Zukunft. Er ist eine parasitäre Haltung, denn er ist daran interessiert, daß nicht alles andere auch schlecht wird. Der Egoismus lebt davon, daß er Gutes und die Guten ausnutzen kann. Das Gute hingegen ist daran interessiert, sich auszugießen, sich mitzuteilen und zu missionieren. Nur wer in diese Bewegung des Sich-Verströmens hineinkommt, kann auf Dauer das Leben gewinnen. Der Parasit stirbt mit dem, was er ausnutzt – nicht sofort, dafür aber endgültig.

Wer auf egoistische Weise glücklich zu werden sucht, der findet nur Leere und Beziehungsunfähigkeit. Darum gilt es, den Egoismus aufzugeben und der Sünde zu sterben. Es ist ein Kampf im Innern des Menschen, und wir dürfen ihm nicht feige ausweichen. Friedrich Schiller hat es einmal so ausgedrückt: „*Und setzet ihr nicht das Leben ein, nie wird euch das Leben gewonnen sein.*“

Wer in seinem Leben Gott an die erste Stelle setzt, lebt in der wahren Freiheit, in der Freiheit von der Sünde, in der Freiheit zur echten Liebe. Wer diesen Weg einschlägt, wird es zwar nicht unbedingt bequem haben in diesem Leben, aber er wird die Freude erfahren, für andere da sein zu können. Es ist ein Weg, der sich wirklich lohnt und den wir unseren lieben Verwandten von Herzen wünschen sollten – noch vor allen zeitlichen Segnungen. Denn der Lohn ist das ewige Leben. Amen.

Predigt zum 14. So. im Jahreskreis: Mt 11,25-30 – 3. 7. 2005 – St. Pankratius

Liebe Gemeinde!

Wenn ich den Kranken die hl. Kommunion bringe, lese ich gern das heutige Evangelium vor. Es ist ein tröstlicher Text, eine so freundlich ausgesprochene Einladung: *„Kommt alle zu mir, die ihr euch plagt und schwere Lasten zu tragen habt.“* Die schweren Lasten – sie begleiten unser Leben. Mal sind es mehr, mal weniger. Die alten und kranken Menschen können ein Lied davon singen, aber auch die Berufstätigen an den immer stressiger werdenden Arbeitsplätzen.

„Ich werde euch Ruhe verschaffen“, sagt Jesus. Was meint er damit? Wie macht er das? Ich nenne vorerst nur einen Aspekt, den ich selbst schon oft erfahren habe. Oft ist es mir schon vorgekommen, daß ich abends kurz vor der Messe total erschöpft war, am Ende meiner Kraft und voller Bitterkeit, daß ich noch lange keine Ruhe finden werde, weil es nach der Messe gleich mit irgendeinem Termin weitergeht. An solchen Tagen kommt es mir so vor, als könnte ich nicht einmal mehr die Messe andächtig feiern. Und dann – wenige Minuten nach Beginn der Eucharistie – fällt alles von mir ab und ich spüre eine aus den Tiefen heraufsteigende Erquickung, eine ungeahnte Kraft, so daß ich mich nach einer halben Stunde ganz erfrischt fühle. Ich habe das schon oft erlebt, es ist nicht gelogen und nicht übertrieben. Es ist jedes Mal wie ein Wunder – eine echte Bestätigung des Wortes Jesu: *„Ich werde euch Ruhe verschaffen“*. Hierin liegt auch einer der Gründe, warum ich die Feier der Messe niemals als Arbeit bezeichnen oder selbst so ansehen würde. Wenn ein Priester die Messe als Arbeit betrachtet und sie so behandelt wie andere Termine auch, dann stimmt etwas nicht mit seinem Berufsverständnis.

Gott sei Dank gibt es hier in St. Pankratius eine Reihe von Gläubigen, die gern zur Werktagsmesse kommen und dort Erquickung von der Ruhelosigkeit ihres Alltags suchen. Jeder, der die Messe andächtig mitfeiert, hilft mir und den anderen, im Gottesdienst wirklich zu Gott zu finden und von ihm Kraft zu beziehen.

Natürlich verschafft Jesus Ruhe nicht allein durch die Feier der Eucharistie, auch wenn es dort in einer besonders dichten Weise spürbar wird. Jesus ist ja unser Freund und hat unser Bestes im Blick, so daß jede echte Begegnung mit ihm den Charakter der Erquickung trägt, so wie uns ja auch jede Begegnung mit einem lieben Menschen bereichert und erfreut. Nicht daß er uns die Lasten, die wir oft so schmerzlich spüren, abnimmt. Aber er hilft uns, sie besser tragen zu können, er trägt sie gleichsam mit uns und hat unglaublich viel Verständnis mit uns, wenn wir uns trostlos fühlen und die Last am liebsten abwerfen würden. So sagt er: *„Nehmt mein Joch auf euch und lernt von mir; denn ich bin gütig und von Herzen demütig; so werdet ihr Ruhe finden für eure Seele. Denn mein Joch drückt nicht, und meine Last ist leicht.*“ Das Joch, von dem er spricht, ist die Art zu leben, die er uns selbst vorgelebt hat, ist die freie Hingabe an den anderen Menschen. Die Dinge werden leichter, wenn sie mit Sinn erfüllt sind, die Pflichten drücken weniger, wenn wir beginnen, sie gern zu tun.

Von Jesus können wir etwas lernen, was wirkliche Lebenshilfe ist, so daß wir Ruhe finden für unsere unbehauste Seele. Ich kann dies jetzt nicht umfassend ausführen, nur einige Streiflichter werfen. Ein wichtiger Punkt ist, daß Jesus immer bereit ist, unsere Klagen anzuhören und Verständnis zu zeigen, auch dann, wenn alle anderen Menschen ihr Mitgefühl bereits zurückgezogen haben. Jesus wird nie sagen, er habe selbst schon Sorgen genug, er habe keine Zeit für uns oder Wichtigeres zu tun. Seit 2000 Jahren wartet er im Tabernakel auf uns – kann es einen deutlicheren Ausdruck für seine Güte, Milde und Geduld geben?

Ein zweites: Jesus macht uns Mut, das, was wir ändern können, auch wirklich zu ändern, während er uns andererseits Gelassenheit gibt, das Unabänderliche zu ertragen. Wie oft jammern wir zwar über dies und das, rühren aber keinen Finger, um es zu ändern! Ich gebe nur ein Beispiel: die vielen Einladungen und gesellschaftlichen Anlässe, die uns angetragen werden und die doch aufgrund ihrer ins Unermeßliche angestiegenen Häufigkeit mehr Streß als Freude bereiten. Ich höre sehr oft Menschen darüber klagen, es kommt mir aber so gut wie nie zu Ohren, daß irgend jemand sein Verhalten ändert und die Feiern auf die Hälfte reduziert. Es fehlt an Mut. Wer sich zuerst und vor allem an Jesus hält, wird spüren, wie ihm Mut zuwächst, wird es leichter finden, sein Leben selbst in die Hand zu nehmen und sich Freiräume zu schaffen. Das Joch Jesu drückt nicht, und seine Last ist leicht.

Einen dritten Gedanken hat der hl. Franz von Sales in seinem Büchlein Philothea geäußert. Gott, so sagt er, hat uns von Ewigkeit her genau das Kreuz zugemessen, das wir tragen können. Er hat es uns angemessen, zugeschnitten, unseren Verhältnissen angepaßt. So ist unser Kreuz nicht zu schwer. Gott, der uns von Ewigkeit her kennt und liebt, hat es uns zugemutet. Der Wille Gottes paßt genau zu uns, weil er ganz persönlich um unser ganzes Leben weiß. Denn

Gottes Liebe ist nicht nur eine allgemeine Liebe zum Menschengeschlecht insgesamt, sondern auf jeden ganz persönlich ausgerichtet. Sie berücksichtigt meine konkrete Lebenssituation und bezieht meine Vergangenheit und meine Zukunft mit ein. Auch in diesem Sinne ist das Joch Jesu nicht drückend und seine Last vergleichsweise leicht.

Das Leben wird leichter, wenn wir Jesus daran teilnehmen lassen. Nur scheinbar gewinnen wir, wenn wir die Religion, die Bindung an Gott, abstreifen. Die Welt, die uns von Gott fernhalten will, verspricht uns Freiheit, hält aber nicht Wort. Das Joch Christi dagegen macht frei, weil es uns für die Liebe zurüstet und ungeahnte Freude mit sich bringt.

Ich bin sicher, daß in nur wenigen Jahren eine riesige Masse von Menschen diese Wahrheit einsieht, einsehen muß, weil alle Versprechen der gottlosen Welt in sich zusammenbrechen und niemand mehr daran glauben kann. Um so wichtiger, daß wir Christen diese Wahrheit schon jetzt verstehen und daß wir sie als Frohe Botschaft annehmen, als Wort der Rettung und des Trostes.

Predigt zum 15. So. i. J. (A) – 10. 7. 05 – Mt 13,1–23

Liebe Gemeinde!

Ein schönes Gleichnis! Jesus schildert darin ganz realistisch und klar verständlich, welches Schicksal das Wort Gottes im Laufe der Geschichte – im großen wie im kleinen – erfährt. Eltern, Lehrer und Prediger können ein Lied davon singen, was es bedeutet, wenn das eigene Zeugnis des Glaubens bei anderen unter die Dornen fällt oder auf den Weg oder auf den Boden, wo wenig Erdreich vorhanden ist. Das sind Erfahrungen, die wir alle machen und die uns manchmal an den Rand der Verzweiflung bringen.

Ich denke zum Beispiel an die Wirkung der Sakramentenkatechese bei unseren Kindern. Wieviel Mühe geben sich die Katechetinnen; aber bald nach der Erstkommunion ist das Feuer der Begeisterung bei den meisten Kindern erloschen – so scheint es jedenfalls. Und so sieht es auch nach der Firmung aus.

Jesus beschönigt nichts. Er sagt uns nicht beschwichtigend: „Ach, es wird schon wieder werden." Oder: „Später einmal werden die Kinder wieder zur Kirche zurückkommen." Jesus macht kein Hehl daraus, daß viele Samenkörner verlorengehen; auch Samenkörner, die gleichsam aus Gottes eigenem Munde kommen. Und trotzdem führt das Gleichnis nicht zum Pessimismus. Zuerst einmal deshalb, weil in jedem Samen eine Kraft steckt, und dann, weil Wirkung und Erfolg nicht in unserer, sondern in Gottes Hand liegen.

Wir sind es nicht, die etwas machen können; uns gilt das Wort Jesu: „Und wenn ihr alles getan habt, was in eurer Kraft steht, dann sollt ihr sagen: Unnütze Knechte sind wir." Gott ist es, der verborgen wirkt, der die Frucht schenkt, die 30-, 60- oder gar 100-fach aufgeht. Nach dem Tod des Papstes hat der Himmel für eine Zeit gezeigt, was der Heilige Geist vermag, wie viele Menschen er zu bewegen imstande ist.

Aber Gott läßt sein Wirken immer wieder von den Mächten des Bösen durchkreuzen. Jesus selbst mußte ja das Schicksal erleiden, nicht wahrhaft gehört zu werden; die Hartherzigkeit seiner Hörer brachte ihn ans Kreuz. Und nun sagt unser Glaube das Unfaßbare: Gerade dieses Kreuz war es, das die wahre Fruchtbarkeit des Wortes Gottes an den Tag brachte. Es war der Regen, der die verdorrte Erde aufbrach und vielen Verstockten das Herz öffnete für die Annahme des Wortes. So sind am Pfingsttag in Jerusalem 3000 Menschen Christen geworden. Und dies hat sich nicht nur einmal – vor 2000 Jahren – zugetragen, sondern immer wieder in der langen Kirchengeschichte: Vor allem wenn hervorragende Zeugen des Glaubens ihr Blut vergießen mußten, dann war dieses Blut der Same vieler Bekehrungen.

Und so ist es auch im kleinen: Die Tränen einer Mutter um ihren auf Abwege geratenen Sohn – das Kreuz, das sie mit ihm hatte – hatten oft und oft (wenn auch erst nach langer geduldiger Wartezeit) die ersehnte Bekehrung zur Folge – so bei Monika und ihrem berühmten Sohn Augustinus, aber auch in vielen Fällen heutzutage.

Freilich muß unser eigener Boden bereitet werden, sonst leiden wir gar nicht an dem unfruchtbaren Boden der Mitmenschen und spüren kein Kreuz. Wenn wir uns mit dem Glaubensverlust unserer Zeitgenossen arrangieren und aufhören, daran zu leiden, wenn wir aus Furcht vor Erfolglosigkeit gar nicht erst den Samen des Wortes Gottes ausstreuen und unsere Kinder nicht zur Praxis des Glaubens anhalten, dann hat sich unser eigenes Herz verhärtet und ist steiniger Boden geworden, der das Aufgehen der Saat Gottes verhindert. Symptomatisch dafür ist die gedankenlos dahingeworfene Wendung: „Wir können doch keinen zur Kirche zwingen!" – Es geht nicht um Zwang und Druck, aber um Einschärfung einer Pflicht, die nicht weniger sinnvoll ist als die Sorge um die Gesundheit. Sagen wir etwa auch: „Wir können doch keinen zum Zähneputzen zwingen"? – oder zum Klavierüben oder Fußballtraining? –

Da werden „Karius" und „Baktus" aufgeboten, die in Schule, Kindergarten und im Fernsehen auftreten, um Kinder auf die Zahnpflege zu einzuschwören, doch bezüglich der Gottesverehrung bleibt es beim phantasielosen „*Ich kann doch nicht zwingen*". Oder ist uns der Körper eben doch soviel wichtiger als der Geist? Merken wir überhaupt noch, wes Geistes Kind wir sind? Darum gilt uns zuerst die Mahnung Jesu: „*Wer Ohren hat zu hören, der höre*!"

Jammern wir nicht über die, die der Kirche fernstehen und ihre Ohren überallhin wenden, nur nicht in Richtung auf den lebendigen Gott! Sondern öffnen wir selbst unsere Ohren und unser Herz, damit das Wort des lebendigen Gottes uns wieder mehr ergreift, in uns Wurzeln schlägt und die versprochene Frucht gibt. Aus der Freude über diese unerwartete Frucht heraus können wir dann daran gehen, anderen das Wort weiterzugeben – in aller Schlichtheit, wie der Sämann, der seinen Samen ausstreut, ohne auf den Boden zu achten, im Vertrauen, daß es immer wieder auch guten Boden finden wird.

Heptalogie über die 7 Todsünden

Axel Schmidt

Südkirchen, September/ Oktober 2007

Predigt zu Lk 14,1.7-14 am 22. So. i. J. (C) – 2. 09. 07 – Südkirchen und Capelle – Lk 14, 1.7-14

1. Der Hochmut

Liebe Gemeinde!

Die Schriftlesungen des heutigen Sonntags empfehlen eine Tugend, die heute nur selten genannt wird und für viele sogar negativ besetzt ist: die Demut. Viele verstehen unter Demut oft nur ihr Zerrbild: sie haben einen schwachen, mit Minderwertigkeitskomplexen beladenen Typ vor Augen oder einen schmierigen Kriechertyp, deren falsche Bescheidenheit vorwiegend dazu dient, ihrer eigenen Verantwortung aus dem Weg zu gehen. In Wahrheit geht es jedoch um das Ideal des Menschen, der sich selbst recht einzuschätzen weiß und sich nichts auf seine Charaktereigenschaften, Titel und Erfolge einbildet.

Der hl. Pfarrer von Ars hat gesagt: „Die Demut ist das Fundament aller anderen Tugenden. Wenn sie uns fehlt, nützen uns alle anderen Tugenden nichts."

Das klingt übertrieben. Wir können es aber nachvollziehen, wenn wir uns das entgegengesetzte Laster vergegenwärtigen, den Hochmut oder Eigendünkel. Unsre Sprache hat dafür noch weitere Ausdrücke: Überheblichkeit, Arroganz, Hybris, Eitelkeit und Aufgeblasenheit. Es gilt zwar erstens: Kein Fehler macht einen anderen so unbeliebt wie der Hochmut. Aber andererseits gibt es auch keinen Fehler, den wir so schwer bei uns selbst bemerken. Je hochmütiger wir selber sind, um so weniger fällt es uns auf, aber um so mehr verdammen wir den Hochmut bei anderen. Je mehr ich selbst im Mittelpunkt stehen will, um so mehr ärgert es mich, wenn ein anderer sich in den Mittelpunkt stellt. Je mehr ich mich in meiner eigenen Überlegenheit über andere sonne, um so mehr trifft es mich, wenn ein anderer seine Überlegenheit über mich herausstellt, mich von oben herab behandelt oder mich zurücksetzt.

Der Hochmut lebt wesensmäßig von der Konkurrenz, vom Vergleich mit anderen; er ist das Vergnügen, anderen überlegen zu sein. Er verlangt nach Wettbewerb und kennt darum keine Grenzen. Der Hochmut macht die Menschen untereinander zu Feinden, ja, er ist die Feindschaft schlechthin. Er ist der Hauptgrund für alles Elend in jedem Volk und jeder Familie. Er ist ein geistiger Krebs, der den letzten Rest von Liebe, von Zufriedenheit und sogar von gesundem Menschenverstand zerstört. Dies sehen wir heute z.B. an einer Unterart des Hochmuts, der Eitelkeit und dem Körperkult. Studien der letzten vierzig Jahre belegen, dass die Zufriedenheit der Menschen mit ihrem eigenen Aussehen dramatisch gesunken ist, gerade weil für die Selbstverschönerung ein immer höherer Aufwand betrieben wurde. Je mehr man investiert, um so größer sind die Chancen, unzufrieden zu sein.[3]

Wo der Hochmut die Herzen der Menschen bestimmt, da herrscht eine Hackordnung, die keine Rücksicht kennt. Jeder benutzt den anderen als Mittel zur eigenen Selbststeigerung, als Trittbrett um höherzukommen. Die anderen werden klein gemacht, damit man selbst als der Größere dasteht. Das gibt es schon bei Kindern, in Jugendgruppen, nicht selten auch in Ehen und Familien. Ins Maßlose gesteigert, ist der Hochmut das Strukturprinzip der Hölle.

Wir dürfen nicht verkennen, dass auch wir selbst infiziert sind von Hochmut und Selbstherrlichkeit. Wir haben im Herzen böse Antriebe. Aber wir können auch auf gute Erfahrungen zurückblicken: Wenn wir z.B. ganz selbstvergessen beim anderen waren und die Sorge um unser eigenes Ich gar keine Rolle spielte – ging es uns da nicht besser als bei anderen Gelegenheiten, wo wir uns fast zwanghaft mit anderen vergleichen mussten und ständig das Gefühl hatten, zu kurz zu kommen? Haben wir es nicht schon wiederholt erlebt, dass andere Menschen uns gerade dann sympathisch fanden, wenn wir uns bescheiden zurückgehalten haben, anstatt unsere Person in den Vordergrund zu schieben? Zeigt uns also nicht die Selbstbeobachtung, dass der Hochmut in der Tat Unzufriedenheit und Unfrieden erzeugt?

Jesus sagt prägnant: „*Wer sich selbst erhöht, wird erniedrigt werden, und wer sich selbst erniedrigt, wird erhöht werden.*" Damit will er keine rein menschliche Klugheitsregel aufstellen, in dem Sinne, wie Friedrich Nietzsche das Wort verdreht hat: „Wer sich selbst erniedrigt, will erhöht werden." Vielmehr meint er den ewigen Ausgleich durch den göttlichen Richter, wie es im Spruch heißt: „*Gott tritt den Stolzen entgegen, den Demütigen aber schenkt er seine Gnade.*" (Jak 4,6; 1 Petr 5,5) Doch das ewige Gericht zeichnet sich schon in diesem Leben ab: die Hochmütigen sind unbeliebt und voller Verbitterung, und allein die wahrhaft demütigen Menschen haben nicht nur viele Freunde, sondern auch ein frohes Herz – wie Maria, die von sich sagt: „*Meine Seele preist die Größe des Herrn, denn auf die Demut seiner Magd hat er geschaut.*" (Lk 1,46.48)

---

3 Vgl. Heiko ERNST: *Wie uns der Teufel reitet. Von der Aktualität der 7 Todsünden.* Berlin: Ullstein, 2006, 63f.

Predigt am 23. So. i. J. (C) - 9. 9. 07 - zu Lk 14,25-33 – Südkirchen und Capelle

Heptalogie über die 7 Todsünden. 2. Die Trägheit

Liebe Gemeinde!

Am letzten Sonntag habe ich über die Demut und ihren Gegensatz, den Hochmut, gesprochen. Heute möchte ich den Faden wieder aufnehmen und ein anderes Gegensatzpaar bedenken, das aus der Reihe der so genannten sieben Todsünden genommen ist: die Trägheit bzw. ihren positiven Gegensatz, den Starkmut.

Hierzu möchte ich anknüpfen an den Vergleich, den Jesus im heutigen Evangelium anstellt: „*Wenn einer von euch einen Turm bauen will, setzt er sich dann nicht zuerst hin und rechnet, ob seine Mittel für das ganze Vorhaben ausreichen?*" Wer das Ziel will, der muss auch die Mittel wollen. Das aber ist keineswegs selbstverständlich; vielmehr kommt es immer wieder vor, dass man eine Sache zwar eigentlich haben will, aber man hat keine Lust, das dazu Nötige einzusetzen. So würden viele gern mit dem Rauchen aufhören, aber sie scheuen die Entzugserscheinungen. Oder jemand würde gern Englisch sprechen können, aber er sieht sich gegen die Arbeit an, die er investieren müsste. Beispiele gibt es genug, die das illustrieren, wogegen Jesus sich wendet.

Dass wir es hier mit der Trägheit zu tun haben, leuchtet vermutlich leicht ein. Was aber ist die Trägheit eigentlich, und warum wird sie von den Theologen als eine der sieben Haupt- oder Todsünden angesehen? Wenn wir die Trägheit beschränken würden auf Faulheit und Bequemlichkeit, dann ließe sich das allerdings nicht einsehen. Warum sollte der Müßiggang „aller Laster Anfang" sein? Nicht die Muße ist schlecht, und auch die Neigung zur Bequemlichkeit ist noch keine Sünde; aber die Geisteshaltung, die sich dahinter verbirgt oder verbergen kann, hat tatsächlich etwas an sich, das direkt gegen Gott gerichtet ist, und darum geht es bei dem Laster, das die Alten „*acedia*" genannt haben und das sowohl Trägheit als auch Traurigkeit einschließt. Gemeint ist die Verweigerung von Anstrengung, insbesondere von geistiger Anstrengung – und zwar aus einem Gefühl der Traurigkeit und Verzagtheit heraus, das Sören Kierkegaard als „Verzweiflung der Schwachheit" bezeichnet hat. Wer von dieser Verzweiflung der Schwachheit befallen ist, wagt es nicht mehr, er selbst zu sein; er weigert sich, sein eigenes Wesen und seine Berufung anzunehmen: sie ist ihm zu hoch und zu schwer, denn sie mutet ihm eine Würde zu, die ihm eben als Zumutung erscheint, als etwas, für das er sich zu schwach fühlt – „Verzweiflung der Schwachheit". Das gibt es bei Erwachsenen und sogar schon bei Kindern. Neulich war ich in der Grundschule, um für den morgigen Familiengottesdienst zu werben. Daraufhin sagte mir ein Junge: „Das ist nichts für uns. Wir schlafen immer bis halb 10." Entscheidend war die Verachtung, die in seinen Worten lag: Wie kann man nur so blöd sein, für den Gottesdienst früher aufzustehen? Wie können Sie mir bloß eine solche Überwindung zumuten? – Ich frage mich dagegen entsetzt: Wie kann man nur seine Kinder schon in so jungen Jahren zu solch erbärmlicher Trägheit und Respektlosigkeit erziehen?

Der Mensch, der von Trägheit geprägt ist, weicht seiner Berufung aus, er geht sich selbst aus dem Weg und verliert sich in Ablenkungen jeder Art. Er ist wie Jona, der vor Gott fliehen will, damit er den schweren Auftrag nicht ausführen muss. Die Berufung zu einem ewigen Leben bei Gott macht ihn nicht froh, sondern ärgert ihn, so wie er überhaupt über alles unzufrieden und nörglerisch ist. Weil er sich nicht vorstellen kann und will, dass es Freude an Gott gibt, kann er nicht mehr danken. Im Extremfall wird er depressiv und lebensüberdrüssig. Wenn Gott ihm schon das Leben geschenkt hat, so räsoniert er, dann müsse er ihm die Erfüllung dieses Lebens gefälligst in den Schoß legen, anstatt ihn aufzufordern, an seiner Vervollkommnung selbst zu arbeiten.

Von hier aus verstehen wir vielleicht besser, warum der hl. Thomas von Aquin die Trägheit das „Kopfpolster Satans" genannt hat.[4] Vielleicht kommen wir sogar dahin, wenigstens ansatzweise die schockierenden Sätze Jesu aus dem heutigen Evangelium zu verstehen: über das Geringachten von familiären Banden, Leib und Leben im Vergleich zum Reich Gottes, das Jesus als unmittelbar nahe gekommen ansah. Wer dieses Ziel so klar im Blick hatte wie Jesus, der musste nun auch die Mittel ergreifen, die zu ihm hinführten und alles andere hintanstellen: Nur wer das wollte, der konnte Jünger Jesu sein und mit ihm eine Lebens- und Schicksalsgemeinschaft bilden. Bloßes kraftloses Wünschen hilft nichts, wenn das Ziel durch allerlei Hindernisse verstellt ist. Da muss man die Hindernisse ausräumen! Wer das nicht tun will, sondern untätig herumsteht und andere machen lässt, der arbeitet dem Ziel entgegen.

Im Grunde ist das klar. Anstößig für uns ist eher die Übertragung dieser Forderungen Jesu auf die ganze Gemeinde, für die weder klar ist, dass die Welt jeden Augenblick untergehen kann, noch, dass familiäre Beziehungen dem Reich Gottes im Weg stehen. Aber will der Evangelist die Forderung Jesu

---

[4] Ebd, 183.

wirklich buchstäblich auf seine Gemeinde und sogar auf alle späteren Gemeinden übertragen? – Es geht doch wohl eher um die geistige Haltung und Konsequenz, von denen wir unser Handeln bestimmen lassen sollen – je nach den Umständen mal so, mal so, aber eben überzeugt, unbeirrt und mit frohem und starkem Mut. D.h. wenn man z.B. spürt, dass die Blutsbande ein Hindernis für den Glauben sind, dann muss man sich davon befreien; oder wenn man merkt, dass die weltliche Karriere oder das Luxusleben nach und nach die Religiösität ersticken, dann muss man sich nach Alternativen umsehen; wer diese Konsequenz fürchtet, ruht sich auf dem Kopfkissen des Teufels aus.

Der Trägheit und der geistigen Unlust ist die Tugend der Tapferkeit oder des Starkmutes entgegengesetzt. Wie gewinnt man Starkmut? In erster Linie durch mentales Training, durch das Betrachten des geistig Edlen und Schönen, also u.a. auch durch das, was wir hier im Gottesdienst tun: Kontemplation Gottes und seiner Herrlichkeit, für die es sich lohnt, sich anzustrengen. Auch die Betrachtung der Hässlichkeit der feigen Bequemlichkeit kann uns aufrütteln: „*Mir nach spricht Christus, unser Held, mir nach, ihr Christen alle. ... Ein böser Knecht, der still kann stehn, sieht er voran den Feldherrn gehen.*“

Predigt am 24. Sonntag im J. (C) – 16. 09. 07 – St. Pankratius – Lk 15,11-32

Heptalogie über die 7 Todsünden. 3. Der Neid

Liebe Gemeinde!

Ein beliebter und erfolgreicher Hochschullehrer, glücklich verheiratet mit zwei wohlgeratenen Kindern, fährt zu einem Klassentreffen und kehrt davon völlig verändert zurück: Seine ehemaligen Klassenkameraden haben ihm von ihren verschiedenen Karrieren und Erfolgen erzählt, und seitdem nagt der Neid an dem bis dahin glücklichen und zufriedenen Mann. Seine wohlgeordneten Verhältnisse kommen ihm plötzlich mittelmäßig und langweilig vor, sein Gehalt erschient ihm lächerlich im Vergleich zu dem seiner früheren Mitschüler, obwohl einige viel dümmer als er waren.[5] „Warum haben die anderen, was ich nicht habe? – So viele Jahre schon strenge ich mich an und gönne mir kaum eine Pause – doch wie wenig wird das honoriert. Aber die trüben Tassen und Versager – die schöpfen überall den Rahm ab.“ Der Professor wird vom Neidgefühl so zerfressen, dass er zu einem Psychiater gehen muss.

---

[5] Ebd, 69f.

„So viele Jahre schon diene ich dir, und nie habe ich gegen deinen Willen gehandelt; mir aber hast du nie auch nur einen Ziegenbock geschenkt, damit ich mit meinen Freunden ein Fest feiern konnte. Kaum aber ist der hier gekommen, dein Sohn, … da hast du für ihn das Mastkalb geschlachtet.“ (Lk 15,29f) Aus dem Lamento des älteren Sohnes im Gleichnis spricht der Neid, eine der sieben Wurzelsünden, eine Sünde, die ihre eigene Strafe im Gepäck hat, denn sie macht wie keine andere Sünde einsam und unzufrieden. Der ältere Sohn will am Fest nicht teilnehmen, der Professor kann sich seines Lebens nicht mehr freuen. „Der Neid frisst seinen eigenen Herrn.“ Er sticht, nagt und frisst, ist wie ein Wurm in uns und redet uns immer wieder ein, dass wir zu kurz kommen und benachteiligt werden. – Wie steht es mit Ihrer Lebensfreude?

Kain neidet Abel die Gunst Gottes, Geschwister belauern einander, ob der andere vielleicht mehr bekommt: mehr zu essen, mehr Aufmerksamkeit, mehr Zuwendung. Als meine kleinen Nichten in Kanada sprechen lernten, war ein Ausruf von Anfang an im Repertoire: „Me too!“ – „Ich auch!“ Wenn ein Kind ein Spielzeug haben will, das einem anderen gehört – wie oft hört es dann: „Nein, damit will ich jetzt selbst spielen.“ Die Botschaft ist klar: Das sollst du nicht haben, du sollst nicht in den Genuss von dem kommen, was mir zusteht. Die Angst, selber zu kurz zu kommen, wandelt sich sogleich in Missgunst: Was ich nicht habe, soll der andere auch nicht haben.

Unsere moderne Konsumwelt setzt diesen Neid voraus und lebt von ihm. Permanent stimuliert die Werbung unsere Wünsche, damit wir inmitten des Überflusses das Gefühl haben, uns fehle etwas, wir hätten noch nicht, was uns glücklich machen kann.

Aber der Neid ist nicht harmlos. Den neidischen Menschen selbst verkrüppelt er und wühlt in ihm viele andere negative Gefühle auf: Traurigkeit und Missgunst. Der neidische Mensch sucht einen Ausgleich für das eigene Unglück und findet ihn in der Herbsetzung der beneideten Menschen: (*„der da, dein Sohn, der dein Vermögen mit Dirnen durchgebracht hat*“) oder in der Schadenfreude, in Rache durch Intrigen oder Denunziation. Im Extremfall führt der Neid zu Ressentiment und Hass, wie wir am Beispiel Kains sehen können, aber auch z.B. Hitlers, der seinen mangelnden Erfolg mit tiefem Hass auf die beneideten Juden kompensierte und in vielen Deutschen und Österreichern auch willige Neidgenossen fand.

Wie gehen wir mit aufkommendem Neid um? Der Professor, den ich eingangs erwähnt habe, konnte seinen Neid überwinden, indem er mit Hilfe des Psychiaters aufhörte, ständig auf die Besitztümer der anderen zu schauen, und sich stattdessen bewusst machte, wie viel er selbst hatte und wie gut es ihm doch eigentlich ging. Er lernte, seinen eigenen Selbstwert wieder durch das zu definieren, was er Positives geleistet und erreicht hatte, und nicht durch den Vergleich mit anderen. Überhaupt ist das Sich-Vergleichen die Wurzel von Neidattacken. Man kann es auch übertreiben mit dem Vergleichen, vor allem dann, wenn die Maßstäbe, die man dabei setzt, unpassend sind. Wenn man das Vergleichen schon nicht lassen kann, dann sollte man sich auch gleichsam nach unten vergleichen: mit Menschen, denen es schlechter geht, und davon gibt es bekanntlich mehrere Milliarden.

Zweitens sollte man sich überlegen, was einen Menschen denn in Wahrheit zufrieden macht: Sind es denn wirklich Besitz, Geld, Freizeit und Status? Sind wir neidisch, weil wir unglücklich sind, oder unglücklich, weil wir neidisch sind? Macht nicht vielmehr das Bewusstsein glücklich, lieben zu können und selbst geliebt zu sein, vor allem von Gott, der spricht „*Mein Kind, du bist immer bei mir, und alles, was mein ist, ist auch dein.*" – Ist es nicht Dummheit und schnöde Undankbarkeit, das zu vergessen?

Und drittens kann es auch helfen, sich einmal zu überlegen, was es den Menschen denn womöglich gekostet hat, um die Position zu erreichen, für die ich ihn beneide. Vielleicht hat er hart arbeiten müssen und auf Freizeit, Bequemlichkeit und Beliebtheit verzichtet – während ich selber all das zur Genüge hatte und weiterhin habe.

Der ältere Sohn im Gleichnis hat seinen Bruder wegen der Barmherzigkeit beneidet, die ihm der Vater geschenkt hat. Ob er aber bereit gewesen wäre, mit ihm zu tauschen und all die Demütigungen zu ertragen, die dieser erlebt hat? Ob er selbst wohl verloren, ja seelisch tot sein wollte? Und wenn nicht – wie kann er dann neidisch sein?

Predigt am 26. Sonntag im J. (C) – 30. 09. 07 – St. Pankratius – Lk 16, 19-31

Heptalogie über die 7 Todsünden. 4. Die Habgier/ der Geiz

Liebe Gemeinde!

„Wir haben nichts in die Welt mitgebracht, und wir können auch nichts aus ihr mitnehmen. Wenn wir Nahrung und Kleidung haben, soll uns das genügen. Wer aber reich werden will, gerät in Versuchungen und Schlingen, er verfällt vielen sinnlosen und schädlichen Begierden, die den Menschen ins Verderben und in den Untergang stürzen. Denn die Wurzel aller Übel ist die Habsucht. Nicht wenige, die ihr verfielen, sind vom Glauben abgeirrt und haben sich viele Qualen bereitet.“ (1 Tim 6,7-10)

Das sind Worte des alternden Apostels Paulus an seinen Schüler Timotheus. Paulus hat seine Erfahrungen mit Menschen gemacht, die der verfluchten Sucht nach dem Geld verfallen sind: Sie werden von ihrer Gier aufgefressen, verlieren alle Freude an Gott, haben kein Mitgefühl mehr mit ihren Mitmenschen und stürzen unweigerlich ins eigene Verderben. Dabei ist es eigentlich so leicht, die entscheidende Einsicht zu gewinnen, die dem Strudel der Habgier entkommen lässt: Du kannst nichts mitnehmen, das letzte Hemd hat keine Taschen. Aber irgendwie kann man dieses Wissen doch auch wieder verdrängen, es wirkt jedenfalls kaum.

Darum ist es von Zeit zu Zeit nötig, die ernsten Aussagen der Bibel zu den Gefahren der Geldgier neu ins Bewusstsein kommen zu lassen. Die Habsucht ist ein Götzendienst, sagt der Epheserbrief (5,5). „*Weh euch, die ihr reich seid; denn ihr habt keinen Trost mehr zu erwarten.*“ (Lk 6,24) Und noch drastischer: *„Eher geht ein Kamel durch ein Nadelöhr, als dass ein Reicher in das Reich Gottes gelangt.“* (Mt 19,24) Diese sprichwörtlich gewordene Warnung stützt sich auf das rätselhafte Phänomen, dass die Habsucht sich nie begnügen kann, sondern schier unersättlich immer weiter giert und rafft. Wo das Raffen und Anhäufen zum Selbstzweck geworden ist, da haben Vermögen und Besitz ihre ursprünglich positive Rolle verloren und sind zum Mammon geworden, zum Götzen, der den Habgierigen kontrolliert und schikaniert. Nicht er besitzt die Dinge, sondern sie besitzen ihn!

Das Evangelium führt uns diese psychologische Dynamik eindringlich vor Augen: Der reiche Mann denkt offenbar nicht daran, seinen opulenten Reichtum mit dem armen Lazarus zu teilen, ja, nicht einmal, ihm wenigstens etwas von den Resten zu geben. Mit welchen Ausreden mag er sich vor den Pflichten zu drücken versucht haben, die das Alte Testament allen Begüterten gegenüber den Armen klar auferlegt hat, denn Eigentum verpflichtet? Z.B. „*Wenn bei dir ein Armer lebt, ... dann sollst du nicht hartherzig sein und sollst deinem armen Bruder deine Hand nicht verschließen.*“ (Dtn 15,7) Oder in prophetischer Warnung bei Amos: „*Hört dieses Wort, die ihr die Schwachen verfolgt und die Armen im Land unterdrückt. Ihr sagt: ... Wir wollen den Kornspeicher öffnen, das Maß kleiner und den Preis größer machen und die Gewichte fälschen. Wir wollen mit Geld die Hilflosen kaufen, für ein paar Sandalen die Armen. Sogar den Abfall des Getreides machen wir zu Geld. Beim Stolz Jakobs hat der Herr geschworen: Keine ihrer Taten werde ich jemals vergessen.*“ (Am 8,4-7)

„Jeder ist sich selbst der Nächste“, „das Hemd ist mir näher als der Rock“, „wer nichts hat, ist selber schuld“ – und viele andere Sprüche gehen um, um der Verpflichtung des Eigentums auszuweichen. Aber es sind nur die Ausflüchte des Geizigen, dem schon der Gedanke ans Teilen weh tut.

Da ist es schon ein Skandal, wenn nicht nur in der Werbung, sondern auch sonst im öffentlichen Leben der Geiz als Tugend gepriesen wird. Anstatt den knickrigen Haltefest wenigstens mit Spott zu bedenken, wird sein krankhaftes Jagen nach Schnäppchen auch noch als nachahmenswert und „geil“ hingestellt. Doch der Geiz ist Ausdruck einer tief sitzenden Angst, die das Leben ersticken lässt und schlechte Laune, Missmut und Bosheit gebiert. Der geizige Mensch ist klein, bitter und hässlich.

Die ökonomischen und politischen Folgen der Habsucht sind keineswegs rosiger. Gewiss ist es wahr, dass das Besitzstreben die Gesellschaft wohlhabend gemacht hat. Wenn es um den eigenen Grundbesitz und den eigenen Erfolg geht, strengen sich die Menschen mehr an, als wenn sie nur für das Allgemeinwohl arbeiten müssen. Aber es ist ein Irrtum, dass die blanken egoistischen Interessen der Reichen „wie von unsichtbarer Hand“ den Wohlstand auch der Armen befördern, wie Adam Smith vor über 200 Jahren behauptet hat und wie der Neoliberalismus es heute wieder behauptet. In Wahrheit werden im globalisierten Kapitalismus die Reichen immer reicher und die Armen immer ärmer. Die Verlierer im Kampf ums Dasein werden immer mehr ausgegrenzt, man nennt sie sogar abfällig den „unvermeidlichen Bodensatz“. Eine unbeschreibliche Gefühllosigkeit hat die Menschen ergriffen, nicht nur die 800.000 Millionäre in Deutschland, sondern alle sozialen Schichten, soweit sie von der „demokratisierten Habsucht“[6] infiziert sind.

Jesus malt im Gleichnis das Schicksal des Habsüchtigen nach dem Tode aus. Es ist töricht, seine Lehre als Drohbotschaft zu verunglimpfen und totzuschweigen. Unser Leben auf der Erde ist endlich, nach dem Tod beginnt das ewige Leben, dessen Unendlichkeit unsere besten Kräfte jetzt schon mobilisieren sollte. Das letzte Hemd hat keine Taschen. Wir können nichts mitnehmen. Einzig unsere guten Taten nehmen wir mit. Sie sind gleichsam die Währung, mit der im Reich Gottes gehandelt wird. Mit der praktischen Nächstenliebe bauen wir an unserer Zukunft.

Predigt am 27. Sonntag im J. (C) / ERNTEDANK

7. 10. 07 – St. Pankratius / St. Dionysius – Lk 12,13-21

HEPTALOGIE ÜBER DIE 7 TODSÜNDEN. 5. DIE VÖLLEREI

Liebe Gemeinde!

Der reiche Bauer, von dem wir im Evangelium gehört haben, hätte für die reiche Ernte eigentlich ein großes Dankopfer darbringen müssen. Aber Danke zu sagen, war wohl nicht seine Sache. Worum es ihm ging, fasst er prägnant im Selbstgespräch zusammen: „*Ruh dich aus, iss und trink und freu dich des Lebens*!“ (Lk 12,19)

Doch Jesus nennt dieses Denken Narrheit. Wer „*nur für sich selbst Schätze sammelt, aber vor Gott nicht reich ist*“ (Lk 12,21), ist ein Narr, denn er hat nicht begriffen, dass unser Dasein auf der Erde begrenzt ist und dass sich darum nicht alles ausschließlich um dieses irdische Leben drehen darf. Vielmehr kommt es darauf an, vor Gott reich zu sein, denn Gott ist unser Ziel, und unser Leben hier auf der Erde ist gedacht als Weg zu Gott, als Einübung in die ewige Liebe.

Diejenigen Haltungen, die den Menschen von seinem ewigen Ziel abbringen, nennt die Theologie Todsünden. Von der Habgier habe ich am letzten Sonntag gesprochen, sie ist auch im heutigen Evangelium Thema. Dass aber auch die Unmäßigkeit im Essen und Trinken, die Völlerei, zu dieser Gruppe von todbringenden Sünden gehört, ist nicht ohne weiteres einsichtig. Wem soll

6 Ebd., 121.

denn der unmäßige Esser schaden außer sich selbst? Ist er nicht eher ein friedlicher und geselliger Zeitgenosse, der keiner Fliege etwas zuleide tut?

Essen und Trinken sind keineswegs etwas Schlechtes, und auch der damit verbundene Genuss soll nicht madig gemacht werden. Davon zeugen die vielen biblischen Vergleiche des Gottesreiches mit einem Hochzeitsmahl. Wie sonst hätte Jesus ausgerechnet Brot und Wein zu den Zeichen seiner eucharistischen Gegenwart in der Kirche machen können? – Aber hier wie auch im Falle des Geldes liegt der Haken in der Verkehrung der rechten Ordnung, Vergötzung genannt. Der Apostel Paulus weiß ein Lied davon zu singen. Im Brief an die Philipper schreibt er: „*Viele - von denen ich oft zu euch gesprochen habe, doch jetzt unter Tränen spreche leben als Feinde des Kreuzes Christi. Ihr Ende ist das Verderben, ihr Gott der Bauch.*“ (Phil 3,18f) Wir leben nicht, um zu essen und zu genießen, sondern wir essen und trinken, um zu leben, und wir leben, um lieben zu können: Gott und die Menschen. Wenn diese Ordnung verdreht ist, dann kommt der Mensch vom rechten Weg ab. Noch einmal Paulus: „*Die Speisen sind für den Bauch da und der Bauch für die Speisen; Gott wird beide vernichten.*“ (1 Kor 6,13) Das klingt drastisch, ist aber heilsame Wahrheit. Es gibt einen Zusammenhang zwischen Jenseitsglauben und Konsumverhalten: Wenn es nur dieses eine Leben gibt, muss ich möglichst viel davon mitbekommen. „*Wenn Tote nicht auferweckt werden, dann lasst uns essen und trinken; denn morgen sind wir tot*“, schreibt der Apostel Paulus. (1 Kor 15,32) Die Gier nach Leben kennt dann kein Maß. Wenn man seine Identität nicht von Gott her erwartet und erhofft, sucht man sie im Kaufen, Konsumieren und Einverleiben.

Doch die Maßlosigkeit im Konsum wirkt auch zurück auf die spirituelle Dimension des Menschen: Wer immer nur an Essen, Trinken und Genießen denkt, der hat keinen Blick mehr für die Schönheit der Schöpfung, sondern nur mehr für den Genuss, den sie verspricht. Die Völlerei zerstört und verschlingt alles, was sie berührt. Zurück bleiben verwüstete Buffets, leer gefressene Tafeln und Berge von Abfall, Essensresten und Unrat. Hinzu kommen meist noch unzählige Mengen an Papier, Pappe und Plastik, die unsere Müllberge ins Gigantische wachsen lassen und Zeugnis geben von ökologischer Maßlosigkeit einerseits und Gedankenlosigkeit und Hartherzigkeit gegenüber den Hungernden andererseits.

Der maßlose Konsum stört somit nicht nur das Gottesverhältnis, sondern auch das Verhältnis zum Nächsten. Wer sich der Fressgier ergeben hat, ist egoistisch und selbstbezogen. Er neigt zur Verschwendung und verliert die

Ehrfurcht vor den Schöpfungsgaben, verliert die Dankbarkeit und die Solidarität mit den zahllosen Hungernden dieser Erde.

Freilich hat die Völlerei heute ein anderes Gesicht als zu den Zeiten, als die Lebensmittel überall knapp und nur den Reichen in Fülle zugänglich waren. Heute kann sich fast jeder Deutsche mit den besten Speisen mehr als satt essen. Wurde früher der Dicke beneidet, weil er offensichtlich reich war, so ist es heute beinahe umgekehrt: Die Reichen sind schlank und die Armen sind dick. In allen Schichten der Gesellschaft sind wir fast permanent mit Essen beschäftigt, es ist geradezu zur Obsession geworden. In unserer Überflussgesellschaft werden unseren Augen nahezu ständig irgendwelche verführerischen Nahrungsmittel dargeboten: Süßigkeiten, Kuchen, Salzgebäck, Chips, Snacks usw. Und wenn wir es auch meistens schaffen, zu widerstehen, lassen wir unserem Appetit doch spätestens bei einer der zahllosen Einladungen ungehemmten Lauf. So sind wir inzwischen so weit gekommen, dass Essen und Trinken als Bedrohung erfahren werden, als Risikofaktoren, die das Leben verkürzen, statt es zu erhalten. Wenn Essen und Trinken früher eine Art Ersatzreligion sein konnten, so gilt dies heute für die Gesundheitsmoral. Neuerdings schreiben Theologen Bücher „wider die Diät-Sadisten, den Gesundheitswahn und den Fitness-Kult“[7]. Aber es ist wieder nur die alte Vergötzung des Bauches, die hier die theologische Kritik herausfordert. In jedem Fall wird an die Stelle der wahren Religion ein Ersatz geschoben, der den Menschen auf seine animalische Stufe reduziert und seine geistige Dimension ignoriert.

Der reiche Bauer im Gleichnis hätte für seine reiche Ernte Gott danken und seinen Reichtum mit anderen teilen sollen, dann wäre er vor Gott reich und kein Narr gewesen. Damit sind uns zwei Stichwörter gegeben, die uns erinnern, wie wir uns gegen die Verführung zur gierigen Unmäßigkeit wappnen können: Dankbarkeit und Solidarität. Wer vor und nach dem Essen Gott dankt und um seinen Segen bittet, der macht sich den Wert der Schöpfungsgaben bewusst und bewahrt seinen Geist davor, im rein sinnlichen Genuss zu versinken. Wer noch dazu der Armen und der Hungernden gedenkt, der wird schwerlich zuviel essen. So schickte auch Tobit angesichts der reich gedeckten Tafel seinen Sohn los, um einen Armen aus dem Kreis der gottesfürchtigen Juden einzuladen. (Tob 2,1f) Gelebte Solidarität mit den Hungernden ist in jedem Fall ein wirksameres Mittel gegen die Völlerei als 1000 Diäten.

---

7 Vgl. Manfred LÜTZ: *LebensLust. Wider die Diät-Sadisten, den Gesundheitswahn und den Fitness-Kult.* München: Pattloch, 2002.

Predigt am 29. Sonntag im J. (C)

21. 10. 07 – St. Pankratius / St. Dionysius – Lk 12,13-21

HEPTALOGIE ÜBER DIE 7 TODSÜNDEN. 6. DER ZORN

Liebe Gemeinde!

Das Gleichnis des heutigen Sonntags möchte ich zum Anlass nehmen, über den Zorn zu sprechen und damit ein vorletztes Mal die sieben Wurzelsünden thematisieren. Der ungerechte Richter muss den Zorn der Witwe fürchten, und darum gibt er ihr schließlich nach. Witwen galten im Alten Testament als Inbegriff der Hilflosigkeit, sie waren arm, isoliert und hatten keine Machtmittel, ihre Interessen durchzusetzen. Sie konnten höchstens an das Mitleid der Einflussreichen appellieren, doch das war eine höchst unsichere Stütze. Schon damals waren die Mächtigen der Gesellschaft der Versuchung zu Korruption und Amtsmissbrauch ausgeliefert, und keineswegs waren alle gottesfürchtig und fromm. Jesus wählt ausdrücklich das Beispiel eines Richters, *„der Gott nicht fürchtete und auf keinen Menschen Rücksicht nahm*" (Lk 18,2).

Nun kommt es ihm im Gleichnis darauf an, zu erörtern, wie barmherzig und gerecht Gott im Vergleich zu den Menschen ist, die manchmal sogar trotz ihrer Schlechtigkeit anderen Gutes tun, so wie hier der Richter. *„Wenn nun schon ihr, die ihr böse seid, euren Kindern gebt, was gut ist, wieviel mehr wird euer Vater im Himmel denen Gutes geben, die ihn bitten.*" (Mt 7,11) Mir kommt es heute dagegen darauf an, den gefürchteten Zorn der Witwe als Auslöser für das Nachgeben des Richters zu betrachten. Wäre es richtig und in Ordnung, wenn sie dem ungerechten Richter ins Gesicht schlüge? Gibt es einen gerechten, gar einen heiligen Zorn? Und warum ist Zorn dann eine Todsünde?

Dass es gerechten Zorn gibt, steht außer Frage. Denn es gibt Unrecht, empörendes Unrecht, und der angemessene Affekt darauf ist Zorn. Er kann eine edle Emotion sein, wenn er von einem edlen Menschen ausgeht. Eins der bekanntesten Beispiele ist die Vertreibung der Händler und Wechsler aus dem Tempel. Aber auch im Alltag ist manchmal Zorn nötig und angemessen, denn er verschafft Gehör, wenn man sonst überhört würde, er wirkt reinigend und klärend, nicht selten etwa im engen Familienkreis, wo Gefahr besteht, dass einer die Ohren auf Durchzug geschaltet hat.

Aber wir wissen alle, dass der Zorn sehr häufig ausartet und gänzlich unangemessene Formen annimmt: als blinde Wut, zerstörerischer Jähzorn und Aggressivität, ferner als kalter Ärger, schwelender Groll und giftige Rachsucht. Er kann zu ohnmächtiger Wut ausarten, über die eigene Machtlosigkeit noch rasender werden als über den eigentlichen Auslöser. Dann führt er zur Weißglut, in Raserei und sinnloses Toben. Aber auch wenn er sich äußerlich zügeln lässt, kann der Zorn den Menschen innerlich vergiften und verbittern, kann krank machen, vor allem herzkrank oder auch depressiv. Wie viele andere Sünden hat der Zorn die eigene Strafe im Gepäck.

In der modernen Gesellschaft scheint der Zorn eine ganz besondere Verbreitung gefunden zu haben: die Kriminalitätsrate steigt weiterhin bedrohlich, Gewaltausbrüche gegen Kinder lassen uns erschrecken, Schulhöfe werden zu Schauplätzen von Mobbing und Gewalt, bis dahin, dass Amokläufer sie in blutige Schlachtfelder verwandeln; auf Straßen und Autobahnen grassiert die Aggression, „Road-Rage“ genannt, der Terrorismus ist ein weltumspannendes Problem geworden, das tagtäglich Hunderte von Menschenleben fordert. Und nicht zu vergessen: die Grundstimmung in unserem Land ist mürrisch und missmutig, die Leute kriegen beim geringsten Anlass „einen dicken Hals“, sie ärgern sich über alles und sie verklagen einander, was das Zeug hält.

Allein diese kurze Aufzählung dürfte einen weiteren Beweis unnötig machen, dass der Zorn wirklich eine schlimme Sünde ist und die Wurzel von Elend und Grauen in der Welt. Doch was ist der Grund für die Zunahme der Aggression, und was kann der einzelne dagegen machen? Der Apostel Jakobus schreibt dazu: „*Woher kommen die Kriege bei euch, woher die Streitigkeiten? Doch nur vom Kampf der Leidenschaften in eurem Innern. Ihr begehrt und erhaltet doch nichts. Ihr mordet und seid eifersüchtig und könnt dennoch nichts erreichen. Ihr streitet und führt Krieg.*“ (Jak 4,1f) Neid, Begehren, Eifersucht, ja auch die übrigen Wurzelsünden sind oft Auslöser von Aggression, also vor allem auch Hochmut und Habgier. Kaum ein Krieg wurde geführt, ohne dass die fehlgeleitete Leidenschaft eines einzelnen oder einer Gruppe zugrunde lag.

Diese psychischen Ursachen werden zum Teil durch bestimmte Erscheinungen des gesellschaftlichen Lebens verstärkt. So haben wir unser Leben in den letzten Jahrzehnten zunehmend verrechtlicht und dadurch ein sehr hohes Anspruchsdenken geschaffen. Was man früher als unvermeidlichen Schicksalsschlag hingenommen hat, das wird heute als ungerecht empfunden, und man sucht immer einen Schuldigen und einen, der für das Unglück bezahlt. Meistens ist dies der Staat, manchmal auch ein einzelner Mensch: der Arzt, die Krankenschwester, der Kollege oder wer immer. Auch der verbreitete Groll gegen Gott kommt aus einem übersteigerten Anspruchsdenken.

Ein zweites kommt hinzu: Der moderne Mensch ist in vieler Hinsicht zum Einzelkämpfer geworden, herausgelöst aus den engen Bindungen an eine Gemeinschaft, hochgradig individualisiert und auf sich selbst zurückgeworfen. Das führt zu verzerrter Wahrnehmung der Wirklichkeit, wie man am Beispiel des Autofahrers gut sehen kann. Da er in seinem Fahrzeug aus Blech und Glas eingekapselt ist und nicht wissen kann, was in den anderen Fahrern vor sich geht, neigt er leicht dazu, diese anderen als Feinde anzusehen, die ihm absichtlich die Vorfahrt nehmen, oder als Idioten, die nicht Auto fahren können. Diese Neigung, über die anderen zu urteilen und ihnen alles Mögliche, vor allem Schlechtes zu unterstellen, ist nicht nur beim Autofahren anzutreffen, sondern auch sonst im Alltagsleben. Paul Watzlawik hat diese Unterstellungsmanie in seinem Bestseller „Anleitung zum Unglücklichsein" meisterhaft karikiert:

> „Ein Mann will ein Bild aufhängen. Den Nagel hat er, nicht aber den Hammer. Der Nachbar hat einen. Also beschließt unser Mann, hinüberzugehen und ihn auszuborgen. Doch da kommt ihm ein Zweifel: Was, wenn der Nachbar mir den Hammer nicht leihen will? Gestern schon grüßte er mich nur so flüchtig. Vielleicht war er in Eile. Aber vielleicht war die Eile nur vorgeschützt, und er hat etwas gegen mich. Und was? Ich habe ihm nichts angetan; der bildet sich da etwas ein. Wenn jemand von mir ein Werkzeug borgen wollte, ich gäbe es ihm sofort. Und warum er nicht? Wie kann man einem Mitmenschen einen so einfachen Gefallen abschlagen? Leute wie dieser Kerl vergiften einem das Leben. Und da bildet er sich noch ein, ich sei auf ihn angewiesen. Bloß weil er einen Hammer hat. Jetzt reicht's mir wirklich. - Und so stürmt er hinüber, läutet, der Nachbar öffnet, doch bevor er «Guten Tag» sagen kann, schreit ihn unser Mann an: «Behalten Sie sich Ihren Hammer, Sie Rüpel!»"[8]

Wem man die Ursachen einer Verfehlung kennt, dann kann man sie auch leichter vermeiden. Gegen den zuletzt erwähnten Unterstellungswahn hilft das Gespräch, vor allem das eigene Zuhören. Zuhören ist vielleicht die wichtigste Fertigkeit, um Ärger vorzubeugen.[9] Wer zuhört, weiß: Die anderen haben auch ihre Probleme, und sie sind keineswegs alle bösartig und streitsüchtig. Die Besserwisser, die nicht zuhören können, sind in hohem Maße herzinfarktgefährdet. Dem entspricht der Rat des Apostels Jakobus: „*Denkt*

[8] Paul WATZLAWICK: *Anleitung zum Unglücklichsein. Vom Schlechten des Guten oder Hekates Lösungen.* München: Piper Verlag, München, 1986, 40f.

[9] Vgl. Heiko Ernst, 166.

daran, meine geliebten Brüder: Jeder Mensch soll schnell bereit sein zu hören, aber zurückhaltend im Reden und nicht schnell zum Zorn bereit.“ (Jak 1,19) – Ein zweites Heilmittel gegen die Aggressivität sind Toleranz und Vergebungsbereitschaft sind Toleranz und Vergebungsbereitschaft: Die anderen so lassen können, wie sie sind, sie nicht anders haben wollen – das spart sehr viel Ärger. Und wenn sie uns tatsächlich einmal etwas Böses angetan haben, dann wird der Zorn am besten durch Vergebung abgebaut. Wer Vergangenes vergangen sein lassen kann, der hat mehr Kraft für die Gegenwart und Zukunft. Das empfiehlt auch der Apostel Paulus: „*Lasst euch durch den Zorn nicht zur Sünde hinreißen! Die Sonne soll über eurem Zorn nicht untergehen.*“ (Eph 4,26)

Printed by Books on Demand GmbH, Norderstedt / Germany